L'ASILE DÉPARTEMENTAL DE L'ENFANCE

ET

L'ABBAYE DE NOTRE-DAME DES ANGES

A SAINT-CYR AU VAL DE GALLIE

PAR

A. DUTILLEUX

CHEF DE DIVISION A LA PRÉFECTURE,
SECRÉTAIRE DE LA COMMISSION DES ANTIQUITÉS ET DES ARTS
DU DÉPARTEMENT DE SEINE-ET-OISE

VERSAILLES
IMPRIMERIE CERF ET FILS
RUE DUPLESSIS, 59

1884

L'ASILE DÉPARTEMENTAL DE L'ENFANCE

ET

L'ABBAYE DE NOTRE-DAME DES ANGES

A SAINT CYR AU VAL DE GALLIE

TIRAGE A CENT CINQUANTE EXEMPLAIRES

Offert par l'Auteur et les Éditeurs

_à M_..

L'ASILE DÉPARTEMENTAL DE L'ENFANCE

ET

L'ABBAYE DE NOTRE-DAME DES ANGES

A SAINT-CYR AU VAL DE GALLIE

PAR

A. DUTILLEUX

CHEF DE DIVISION A LA PRÉFECTURE
SECRÉTAIRE DE LA COMMISSION DES ANTIQUITÉS ET DES ARTS
DU DÉPARTEMENT DE SEINE-ET-OISE

———✦✦✦———

VERSAILLES
IMPRIMERIE CERF ET FILS
RUE DUPLESSIS, 59
—
1884

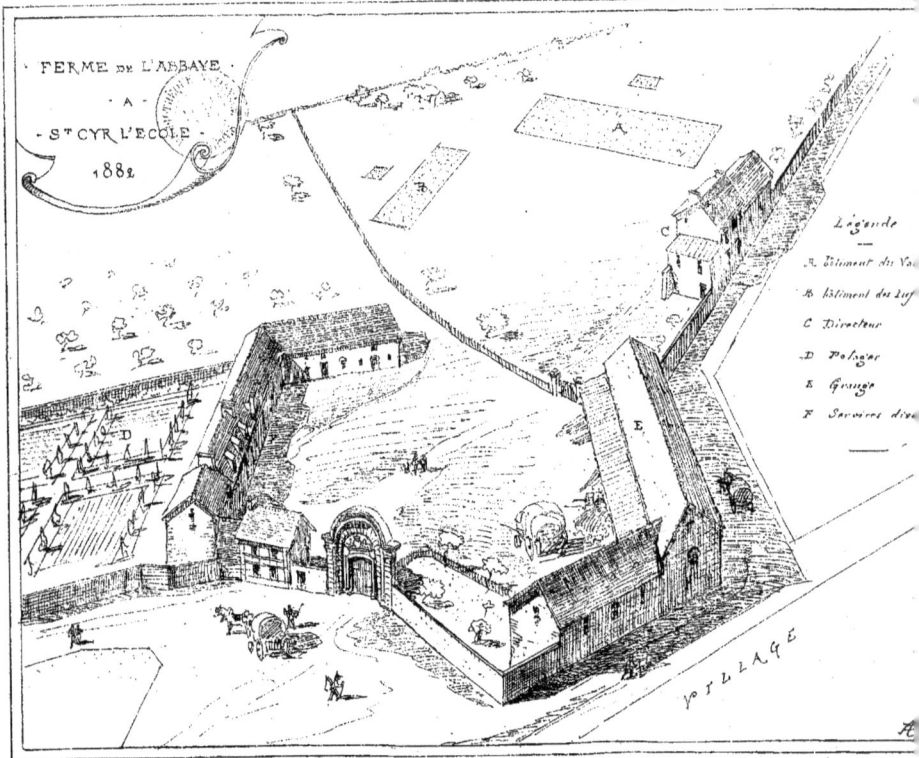

FERME DE L'ABBAYE
A
ST CYR L'ECOLE
1882

Légende
—
A Bâtiment du Va...
B Bâtiment du Jar...
C Directeur
D Potager
E Grange
F Services dive...

VOSILLAGE

de

du Valides

les Infirmes

divers

Æ

L'ASILE DÉPARTEMENTAL DE L'ENFANCE

ET

L'ABBAYE DE NOTRE-DAME DES ANGES

A SAINT-CYR AU VAL DE GALLIE

————~~~~~~~~———

PREMIÈRE PARTIE

————————

L'Asile de l'Enfance

————————

I

A l'ouverture de la session du mois d'Août 1880, M. Augustin Fréville, membre du Conseil général de Seine-et-Oise, prononçait les paroles suivantes :

« .... J'arrive à l'assistance publique : elle n'existe pas dans notre département pour les enfants; il n'y a ni pour les garçons, ni pour les filles, d'orphelinats appartenant à l'administration préfectorale. C'est une création indispensable, et il y aura lieu d'examiner s'il ne sera pas possible d'acquérir un local qui existerait dans le canton de Houdan. Pour les vieillards le Département a créé les Petits-Prés ; j'engage mes collègues à visiter cet établissement modèle..... En résumé, l'enfance et la vieillesse ont droit à l'assistance de tous et j'espère que le Conseil voudra bien adopter les propositions qui lui seront faites dans le sens que j'indique, au cours de la discussion du budget....... »

S'associant avec empressement aux vues exposées par M. Fréville, le Conseil général, dans sa séance du 24 août de la même année, après une discussion à laquelle avaient pris part M. le Préfet, M. Hély-d'Oissel, rapporteur du budget, MM. Herbette, Charpentier, Menault, Hèvre, Goupy et l'auteur de la proposition, invitait l'administration préfectorale à préparer, pour la session du mois d'avril 1881, de concert avec la Commission départementale, un projet d'établissement pour orphelins ou enfants abandonnés des deux sexes.

En conséquence de ce qui précède, M. le baron Cottu, Préfet de Seine-et-Oise, ayant appris qu'à proximité de la ville de Houdan existait une propriété susceptible d'être affectée à cette destination, s'empressa d'aller la visiter avec M. Fréville et M. le docteur Sellier, inspecteur de l'Assistance publique. Il rendait compte, dans la session d'avril 1881, du résultat de cette première démarche que le Conseil général approuvait en principe, remettant d'ailleurs au mois d'août suivant sa décision définitive. Mais au moment de traiter avec les personnes qui occupaient alors la propriété en question, des difficultés relatives aux conditions de l'acquisition et certaines incertitudes sur les avantages de cette acquisition même, eurent pour effet de faire ajourner la conclusion de l'affaire. L'administration départementale résolut de chercher sur un autre point, un immeuble qui réunit des conditions plus avantageuses, et c'est dans ce sens que fut présenté, à la session du mois d'août 1881, le rapport de M. le Préfet. Sur les conclusions de M. Vermeil, le Conseil général donna délégation à la Commission permanente pour étudier à bref délai, les propositions faites ou à faire en vue de la création d'un Asile de l'enfance et pour préparer, de concert avec M. le Préfet, les statuts et le budget de l'établissement ; en outre, l'Assemblée vota une double allocation, l'une de 40,000 francs, l'autre de 20,000 francs pour les premières dépenses, et elle demanda à être convoquée en session extraordinaire, dans le but de donner à cette création une solution définitive.

Une session extraordinaire eut donc lieu dans les derniers jours de Janvier 1882, aux fins ci-dessus exprimées.

Le Préfet et la Commission départementale avaient consacré à cette étude cinq séances successives. La Commission présenta, par l'organe de deux de ses membres, MM. Herbette et Maret, un rapport très étendu et très complet dont voici l'analyse :

L'examen a porté sur vingt-six propriétés pouvant, d'après les renseignements recueillis, convenir à la destination indiquée ; après plusieurs éliminations successives, deux projets restèrent en présence : l'un concernant des terrains appartenant à la compagnie des chemins de fer de l'Est, sis à Limeil-Brévannes (arrondissement de Corbeil) ; l'autre, s'appliquant à une propriété sise à Saint-Cyr-l'Ecole (arrondissement de Versailles), appartenant à M. Feuillastre.

Par divers motifs et notamment en raison de la qualité supérieure des terres, ainsi qu'il avait été constaté par un agriculteur compétent, M. Pasquier, conseiller général, le choix se porta sur ce dernier immeuble, ancienne abbaye de femmes, de l'ordre de Saint-Benoît, dite « Notre-Dame-des-Anges ». La Commission départementale proposa, ce qui fut adopté par le Conseil général, l'acquisition de cette dernière propriété, contenant dix hectares environ, moyennant le prix total de 130,000 francs. A cette première dépense devaient s'ajouter 12,000 francs pour appropriation des bâtiments déjà existant, et 82,500 francs pour constructions neuves, le tout, suivant les plans dressés par M. Albert Petit, architecte du département ; ces dernières constructions ne devaient comprendre, d'ailleurs, qu'un peu plus de la moitié de l'installation complète ; elles ont été préparées pour cinquante-trois enfants environ, tandis que l'établissement, quand il sera entièrement terminé, devra en abriter une centaine.

Le Conseil général ratifia ces diverses propositions et vota les crédits nécessaires dans sa séance du 25 janvier 1882. Les formalités exigées pour l'acquisition se poursuivirent sans désemparer ; de son côté l'architecte et les entrepreneurs déployèrent la plus louable activité, et dès le mois de Juillet de l'année suivante, la maison était prête à recevoir ses premiers occupants.

II.

C'est ici le lieu de donner une description sommaire de la propriété, de sa situation et des dispositions prises pour l'installation des divers services.

Le village de Saint-Cyr est situé à cinq kilomètres de Versailles, auquel le relie une route superbe ; station du chemin de fer de l'Ouest, c'est le point d'embranchement des lignes de Normandie et de Bretagne ; en outre le chemin de fer de Grande-Ceinture y a également établi une gare ; on voit combien les communications sont faciles avec tous les points du département ; aucune commune ne pouvait être mieux choisie pour y installer un établissement de la nature de celui qui nous occupe.

L'Asile départemental de l'enfance est à peu près au milieu du territoire de Saint-Cyr ; la grand'porte d'entrée se trouve presque en face de la petite église paroissiale ; elle est distante de trois cents mètres environ de l'École spéciale militaire.

La propriété affecte la forme d'un trapèze dont la plus grande longueur mesure quatre cent vingt-cinq mètres, et la plus grande largeur trois cent cinquante mètres ; la partie bâtie s'avance en prolongement sur la rue dite « de Madame » où se trouve l'entrée ; le tout est entouré de murs dans un état suffisant d'entretien. Elle est coupée, au tiers environ de sa superficie, par une vaste et belle terrasse formant terre-plein sur lequel sont élevées les constructions anciennes et les nouvelles, disposition heureuse qui, tout en assainissant les bâtiments, ouvre une perspective étendue bornée à l'hori_ zon par les coteaux verdoyants de Bois-d'Arcy et de Fontenay-le-Fleury; la situation est donc éminemment salubre et l'aspect des plus agréables.

En pénétrant par la porte d'entrée monumentale, aux armes de France et datant du xvii° siècle, on se trouve dans une avant-cour qui était autrefois celle de la ferme et est entourée des bâtiments anciens qui constituaient cette partie, en quelque sorte extérieure, du monastère de Notre-Dame-des-Anges. A gauche de la porte un pavillon en briques et pierres, construit par le dernier propriétaire, sert aujourd'hui de loge et d'habitation au rez-de-chaussée pour le concierge, tandis que le premier étage est occupé par l'économe-chef de culture ; les anciennes constructions à la suite de ce pavillon moderne, ont été utilisées, au moyen de quelques réparations dont elles avait bien besoin, pour le logement des surveillants et des filles de service. Au rez-de-chaussée ont été installés les magasins, les réserves, la salle de bain des valides, etc.

En face, à droite, sont les anciennes granges, étables, écuries; ces bâtiments que l'on a eu raison de conserver, recevront une destination toute naturelle à l'époque où l'on pourra consacrer à la culture maraîchère, comme on en a l'intention, toutes les terres de l'Asile. Les enfants trouveront dans cette occupation un emploi judicieux de leurs forces naissantes, en même temps que l'apprentissage d'un métier lucratif et présentant des débouchés toujours assurés ; dès à présent, un vaste hangar sert à abriter les pensionnaires pendant les récréations ; c'est là, également, qu'on a installé les appareils de gymnastique et que les enfants se forment aux premiers éléments des exercices militaires.

En suivant, du même côté et sur le même plan, on arrive à une partie de construction ancienne actuellement affectée à l'appartement du Directeur, ainsi qu'au bureau de l'administration et à la salle de réunion de la Commission de surveillance. La situation de ce bâtiment permet un contrôle incessant sur toutes les parties de la maison, de sorte que rien ne peut échapper à la vigilance attentive de la direction.

Ainsi, pour les divers aménagements que nous venons d'indiquer, le Département n'a eu à élever aucune construction nouvelle, les anciennes ont suffi à assurer d'une manière relativement satisfaisante les nécessités du service ; mais il faut reconnaître que les bâtiments, à l'exception du pavillon du concierge, sont vieux, salpêtrés, humides et qu'un moment arrivera, qui n'est pas éloigné peut-être, où s'imposera l'obligation de les réédifier à peu près complètement.

Les locaux spécialement affectés aux enfants sont entièrement neufs ; ils se divisent en deux parties séparées, l'une pour les valides, l'autre, moins étendue, pour les infirmes et les idiots. D'autre part, le Conseil général n'a entendu élever, quant à présent, que la moitié des deux bâtiments jugés nécessaires quand l'effectif sera au complet ; il a estimé que, dans le principe, il suffisait de tabler sur un chiffre approximatif de cinquante-trois pensionnaires, dont trente-cinq valides et dix-huit idiots ou infirmes, remettant à une époque ultérieure, l'installation définitive pour les cent élèves que devra un jour recevoir l'Asile de l'Enfance.

Les constructions neuves ont été élevées par M. A. Petit, architecte du département, dans les conditions de la plus sévère économie, tout en observant, cela va sans dire, les règles de l'hygiène et de la salubrité : aucune ornementation architecturale ; un rez-de-chaussée et un étage, le tout en meulière, surmontés d'un grenier couvert par un toit en tuiles.

BATIMENT DES VALIDES. — Au rez-de-chaussée, la classe, le réfectoire, la cuisine, laverie, dépense et magasin. Au premier étage, deux dortoirs de dix-neuf lits chacun, lavabo, reserre pour vêtements, linge et chaussures. Ce bâtiment sera ultérieurement doublé.

BATIMENT DES INFIRMES. — Au rez-de-chaussée, infirmerie disposée pour cinq lits destinés aux malades dont l'état exige une surveillance continuelle; à côté, chambre du surveillant; dans la partie à construire seront installées pharmacie, cuisine, salle de bains, lingerie, etc. — Au premier étage, dortoir de onze lits auquel fera pendant, plus tard, un autre dortoir de pareille contenance.

Le quartier des idiots et infirmes est entièrement séparé de celui des valides ; aucune communication n'est possible entre ces deux catégories de pensionnaires.

Derrière les bâtiments de la cour d'entrée et à gauche de celle-ci, se prolonge un assez vaste potager dont la culture est, dès à présent, confiée aux enfants de l'Asile. Un peu en arrière du quartier des valides s'étend cette belle terrasse dont nous avons déjà parlé ; au-dessous d'elle descendent en pente douce les vergers et les terres cultivées, actuellement encore exploitées par un locataire, mais que nos jeunes pensionnaires cultiveront un jour eux-mêmes. Au milieu du terrain un ruisseau d'eau vive, sortant d'une grotte ombragée par un bosquet qui en entretient la fraîcheur, traverse la propriété dans toute son étendue, courant du sud-ouest au nord-est ; avant de passer sur les héritages voisins, ce ruisseau se divise en deux branches plus larges : l'une alimente une cressonnière dont le rapport pourra devenir avantageux, l'autre baigne une oseraie dont les produits, seront pendant l'hiver, transformés par les pensionnaires en ustensiles de jardin ou de ménage. Il est vrai de dire qu'un nombre considérable de rats pullule sur les rives de ce joli ruisseau ; il faudra se livrer à une destruction complète de ces rongeurs malfaisants, si l'on veut tirer quelque profit de la culture des plantes potagères.

III.

Ce serait se tromper absolument que de considérer l'Asile de Saint-Cyr comme une maison de répression et pour ainsi dire, un établissement correctionnel; ce n'est pas davantage une école « à prix réduits » d'enseignement professionnel. Il importe de réagir contre les préventions qui, nous ne l'ignorons pas, ont pu se faire jour à ce sujet, et de maintenir à cette nouvelle création son véritable caractère d'institution de bienfaisance publique. Il suffit, d'ailleurs, pour se rendre compte des vues qui ont dicté les résolutions du Conseil général, de se reporter à l'article premier du règlement arrêté par M. le Préfet, le 11 juin 1883, et qui est conçu en ces termes :

« L'Asile départemental de l'Enfance est destiné à recevoir et à élever des enfants valides et infirmes du sexe masculin, âgés de six à dix-huit ans, appartenant à l'une des catégories suivantes :

» 1° Enfants infirmes, idiots, ou déments inoffensifs, qui ne remplissent pas les conditions nécessaires pour être admis dans des établissements spéciaux ;

» 2° Enfants orphelins, abandonnés ou délaissés, privés de ressources;

» 3° Enfants à l'entretien ou à l'éducation desquels leur famille se trouve dans l'impossibilité de pourvoir ;

» 4° Enfants que leurs parents ont délaissés, et ceux pour la vie ou la moralité desquels il y aurait danger à les laisser à leur famille.

» Les enfants dont l'admission est sollicitée à l'un des titres ci-dessus spécifiés, doivent appartenir exclusivement, par l'origine ou le domicile, au département de Seine-et-Oise. »

On voit qu'il n'est nullement question de répression ni de correction, mais uniquement d'assistance et d'éducation.

Le prix de la pension est fixé à 200 francs par an, plus 30 francs de frais de trousseau une fois payés; cette pension peut être acquittée, soit par les familles, soit par la commune, ou le Bureau de bienfaisance, soit par la charité privée.

Le Département accorde des bourses totales ou partielles que répartit la Commission départementale spécialement déléguée à cet effet. Les admissions sont prononcées par arrêté du Préfet, après production et examen des pièces dont suit l'indication:

1° Demande écrite des parents, du tuteur, ou de toute autre personne;

2° Extrait d'acte de naissance ou d'état civil;

3° Attestation, certifiée par le maire, de la naissance de l'enfant dans Seine-et-Oise, ou de résidence des parents pendant trois années au moins dans le département;

4° Consentement des parents ou tuteurs, lorsque ceux-ci sont connus;

5° Attestation d'indigence ou d'insuffisance de ressources et extrait du rôle des contributions;

6° Certificat médical datant de moins de quinze jours, constatant l'état de santé physique de l'enfant; le dit certificat attestant en outre, s'il y a lieu, la nature et la gravité des infirmités dont l'enfant est atteint;

7° Engagement sur timbre de payer la pension annuelle, ou demande de bourse.

Lorsque les parents ou tuteurs des enfants sont connus, ils doivent s'obliger par écrit à rembourser à l'Établissement, dans le cas d'un retrait prématuré, les frais d'entretien de l'enfant, calculés d'après le prix de pension ci-dessus indiqué.

Les enfants admis à l'Asile restent pensionnaires jusqu'à l'âge de dix-huit ans révolus, sous la réserve des droits de la puissance paternelle et de l'exécution des engagements dont il vient d'être question.

Dans le cas où, à l'époque fixée pour leur sortie, ils seraient empêchés, à raison de leurs infirmités, de subvenir à leurs besoins par le travail, ils pourraient être dirigés, comme pensionnaires, sur l'Asile des Petits-Prés, par une décision spéciale et individuelle du Préfet.

Après leur sortie, les pupilles de l'Etablissement sont placés jusqu'à leur majorité sous le patronage protecteur de la Commission de surveillance.

L'Administration de l'Asile de l'enfance est confiée à un directeur nommé par le Préfet, sous l'autorité immédiate de ce magistrat et le contrôle de la Commission de surveillance, à laquelle incombe le soin de s'assurer du bon fonctionnement de toutes les parties du service. En outre, celle-ci est appelée à donner son avis sur le régime intérieur, sur le budget, sur le compte administratif et, en général, sur tous les actes intéressant la maison. Chaque membre de la Commission exerce à tour de rôle et aussi souvent que possible la surveillance qui lui est confiée; il entend et recueille les réclamations et observations qui pourraient lui être adressées et les communique à la Commission lors de la plus prochaine assemblée.

Cette Commission est composée, pour l'année 1884, de la manière suivante:

MM. LE PRÉFET de Seine-et-Oise, *Président*;
      JOZON, *vice-président*.
      JANIN, *secrétaire*.
      DELAFOSSE,   *Membres du Conseil général*.
      FRÉVILLE,
      HACHE,
      VALLÉE, conseiller d'arrondissement, maire de Triel;
      Général DEFFIS, commandant l'École militaire de Saint-Cyr;
      GODIN, inspecteur d'Académie;
      GUILLAUME, directeur de l'Ecole d'horticulture des pupilles de la Seine, à Villepreux;
      DE MONTGUERS, directeur de l'Asile des Petits-Prés;
      Dr PARIS, médecin des épidémies, membre du Conseil central d'hygiène;

MM. RIVIÈRE (Gustave), professeur départemental d'agriculture ;

Dr SELLIER, inspecteur de l'Assistance publique ;

Le directeur de l'établissement et le chef de la 2e division de la préfecture sont, à titre consultatif, adjoints à la Commission.

Le personnel se compose :

D'un directeur faisant en même temps et jusqu'à ce qu'il en soit autrement ordonné, fonctions d'instituteur ;

D'un médecin externe ;

D'une surveillante générale ;

D'un surveillant-chef, en même temps économe et chef de culture ;

D'un deuxième surveillant ;

D'un concierge,

De femmes de service attachées à l'infirmerie, à la cuisine, etc.

Tous ces fonctionnaires et agents sont, à l'exception du médecin, logés dans la maison.

L'autorité du directeur, comme chef de l'établissement, s'étend à toutes les parties du service ; les autres employés sont placés sous sa direction ; — il est spécialement chargé de l'administration intérieure de l'Asile, de la gestion de ses biens et revenus ; — de l'exécution des règlements généraux et particuliers et de la police ; — de l'exécution des marchés pour les différentes fournitures ; — du classement, d'après l'avis du médecin, dans les diverses catégories, des élèves pensionnaires, suivant l'âge, l'état physique, l'aptitude et l'instruction de chacun d'eux ; — de la préparation des budgets, de la liquidation définitive et du mandatement des dépenses régulièrement autorisées, le tout conformément aux lois et règlements sur la comptabilité des établissements publics ; — enfin, de tout ce qui concerne l'instruction primaire et professionnelle des enfants.

Ces fonctions multiples et délicates sont exercées par M. Godard, élève-maître de notre école normale, ancien instituteur public dans une importante commune du département ; il a pu surmonter les difficultés inhérentes à une première; installation et a fait preuve d'aptitude et d'intelligente activité ; — Madame Godard le seconde efficacement en qualité de surveillante générale, d'ailleurs nommée à titre provisoire; elle s'occupe avec une sollicitude toute maternelle des soins que réclame la situation si intéressante des plus jeunes enfants.

Le médecin de la Maison est M. le Dr Védrine, que désignaient pour ces fonctions son titre de membre du Conseil départemental d'hygiène et celui de Président de la Société de gymnastique de Versailles.

Le service de la trésorerie est confié à M. Adam, déjà receveur-économe des Petits-Prés ; la proximité des deux établissements rend facile le cumul de ces emplois qui ne sauraient être placés en de meilleures mains.

Le surveillant-chef, M. Courtois, est un ancien sous-officier récemment libéré du service ; il remplit en même temps les fonctions d'économe et celles de chef de culture ; les leçons qu'il a reçues à l'Ecole nationale d'horticulture de Versailles, dont il était l'un des meilleurs élèves, le rendent apte à diriger la partie agricole et à donner aux pupilles de Seine-et-Oise un enseignement qui contribuera à leur faire obtenir plus tard une situation honorable et lucrative. C'est également M. Courtois qui dirige les exercices militaires et la gymnastique.

Les autres agents ont été choisis également avec le plus grand soin ; leur conduite et la manière dont ils remplissent leurs devoirs donnent, jusqu'à présent, toute satisfaction.

IV.

L'instruction religieuse des enfants et leur assistance aux offices dans l'église de la paroisse sont subordonnées au consentement des parents ou tuteurs. Les ministres des cultes non catholiques reconnus par l'Etat sont, sur la demande des mêmes personnes, admis à visiter les pensionnaires appartenant à leur communion et à leur donner l'instruction religieuse.

L'enseignement primaire est analogue à celui que l'on reçoit dans les écoles communales ; on enseigne aux enfants la lecture, l'écriture, la grammaire, le style, l'histoire, spécialement l'histoire et la géographie de la France, l'arithmétique élémentaire, l'instruction civique et morale. Deux séances de dessin par semaine. — En dehors des heures de classe ordinaire, et spécialement en hiver, une instruction plus élevée pourra, par la suite, être donnée aux jeunes gens qui témoigneront le désir de pousser plus loin leurs études.

Les pensionnaires, suivant leur âge et leurs forces, sont occupés au jardinage qui forme la base de l'enseignement professionnel de la Maison ; cependant les enfants que leur aptitude ou leur condition physique rendraient plus propres aux travaux industriels seront spécialement dirigés vers une profession de cette nature : en conséquence, un ou plusieurs ateliers (vannerie, menuiserie, cordonnerie), seront installés en vue d'y réunir d'une manière permanente des pensionnaires de cette catégorie ; l'hiver, les ateliers recevront temporairement le surplus de la population que la suspension forcée du travail en plein air laisserait sans occupation.

Dans tous les cas, et en règle générale, le travail manuel est obligatoire pour tous les valides de l'établissement, en proportion de leur âge et de leur état de santé.

Voici d'ailleurs le tableau de l'emploi du temps, tel qu'il est réglé cette année pour le service d'hiver :

De   6 h. à 6 h. 20. Lever et toilette.

     6 h. 20 à 6 h. 45. Etude.

     6 h. 45 à 7 h. Déjeuner.

     7 h. à 8 h. Confection des lits et service de propreté.

     8 h. à 11 h. Classe par le Directeur (repos de 9 h. 20 à 9 h. 35).

     11 h. à 11 h. 1/2. Diner.

     11 h. 1/2 à 1 h. Récréation. — Gymnastique. — Exercices militaires.

     1 h. à 2 h. 1/2. Travail pratique.

     2 h. 1/2 à 2 h. 3/4. Repos.

     2 h. 3/4 à 4 h. Continuation du travail pratique.

     4 h. à 4 h. 1/2. Goûter et récréation.

     4 h. 1/2 à 6 h. Classe par le Directeur.

     6 h. à 6 h. 1/4. Repos.

     6 h. 1/4 à 7 h. Etude gardée par le surveillant.

     7 h. à 7 h. 1/2. Souper.

     7 h. 1/2 à 8 h. Récréation.

     8 h. Coucher.

Ainsi, il y a cinq heures de classe ou d'étude ; deux heures trois quarts de travail pratique ; trois heures de récréation, pendant lesquelles ont lieu les exercices militaires et gymnastiques.

Le salaire des travaux de toute nature auxquels les enfants sont appelés à prendre part, est réglé chaque année par arrêté du Préfet. Les deux tiers de ce salaire appartiennent à l'établissement ; le dernier tiers est inscrit, comme pécule, au compte particulier de chaque élève pour lui être remis à sa sortie.

Il est établi, pour les pensionnaires, deux sortes de régimes: régime gras, cinq jours par semaine ; régime maigre, les deux autres jours. Les aliments sont simples, mais suffisamment abondants et de bonne qualité. Le cidre est la boisson ordi-

naire ; une distribution de vin est faite les jours fériés, y
compris, bien entendu, la Fête nationale du 14 Juillet.

Les employés, à l'exception du Directeur et du Médecin,
sont nourris par et dans l'établissement.

Les parents ou tuteurs sont admis à visiter les enfants le
premier dimanche de chaque mois. Les sorties, même avec
parents, au dehors de la Maison sont interdites; cependant
des congés dans la famille, et pour plusieurs jours, peuvent
être autorisés par le Préfet, sur le rapport du Directeur, en
faveur des élèves qui se rendent dignes de cette récompense
exceptionnelle par leur travail et leur bonne conduite. Ces
sorties n'auront lieu qu'à l'époque des vacances et n'excède-
ront pas une durée de huit jours.

Les enfants sont menés en promenade tous les jeudis et di-
manches, sous la conduite du surveillant-chef ou du deuxième
surveillant ; pendant ces excursions, ils portent l'uniforme
de la Maison : pantalon et vareuse de drap gros bleu, béret
bleu, ceinturon de cuir noir avec plaque en cuivre.

Nul n'est admis à visiter l'établissement qu'avec l'autorisation écrite du Préfet ou du Directeur.

V.

Le budget de l'Asile de l'Enfance, pour 1884, a pour base
une population moyenne de trente-quatre pensionnaires ; les
recettes se composent, pour la plus grande partie, des allo-
cations du Conseil général, de la subvention de l'Etat destinée à parfaire le traitement du Directeur, en raison de ses
fonctions d'instituteur primaire, du montant des pensions
acquittées par les familles, les communes, etc., de la vente
des produits récoltés, du fermage des terres données en loca-

tion jusqu'au moment où les pupilles pourront les cultiver eux-mêmes.

Les dépenses ont pour objet : les traitements et salaires des fonctionnaires, surveillants et femmes de service ; la nourriture des agents nourris dans la Maison; la nourriture, l'entretien, l'habillement des pensionnaires; le chauffage et l'éclairage; l'entretien des bâtiments et du mobilier ; les frais de culture ; l'achat des livres et du matériel d'enseignement, etc. Ces dépenses ont été évaluées sur le pied d'une sévère économie ; on s'est efforcé de se renfermer dans les limites du strict nécessaire. C'est, du reste, en se maintenant dans ces saines traditions, qui sont celles du Conseil général de Seine-et-Oise, que l'Asile de l'Enfance pourra, sans imposer au Département une charge trop onéreuse, remplir les conditions d'assistance physique et morale en vue desquelles il a été créé.

Les heureux résultats, dont on peut déjà se rendre compte et que l'avenir ne tardera pas à développer, encourageront sans doute le Conseil général à entrer plus avant dans la voie bienfaisante qu'il aura eu l'honneur d'inaugurer avant tout autre département. Il voudra compléter son œuvre en organisant pour les filles un établissement analogue à celui de Saint-Cyr, car il ne faut pas oublier que si le vagabondage, l'abandon, la paresse concourent à former de mauvais citoyens et constituent pour la société un danger permanent, les maux qu'ils entraînent sont plus lamentables encore quand ils ont pour victimes de malheureuses filles qui, dénuées de tout appui, et privées de toute assistance, ne trouveront plus tard de ressources que dans la débauche et la prostitution.

ABBAYE
de
NOTRE DAME DES ANGES

Abbaye de St Cyr.

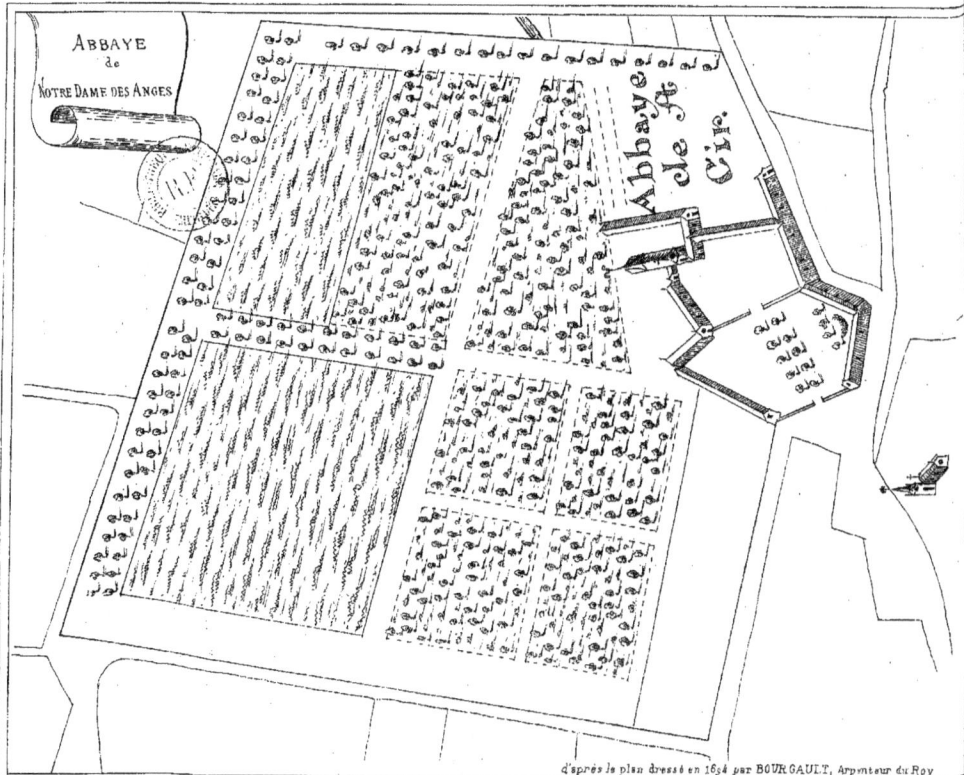

d'après le plan dressé en 1654 par BOURGAULT, Arpenteur du Roy

A.D. del. 1884

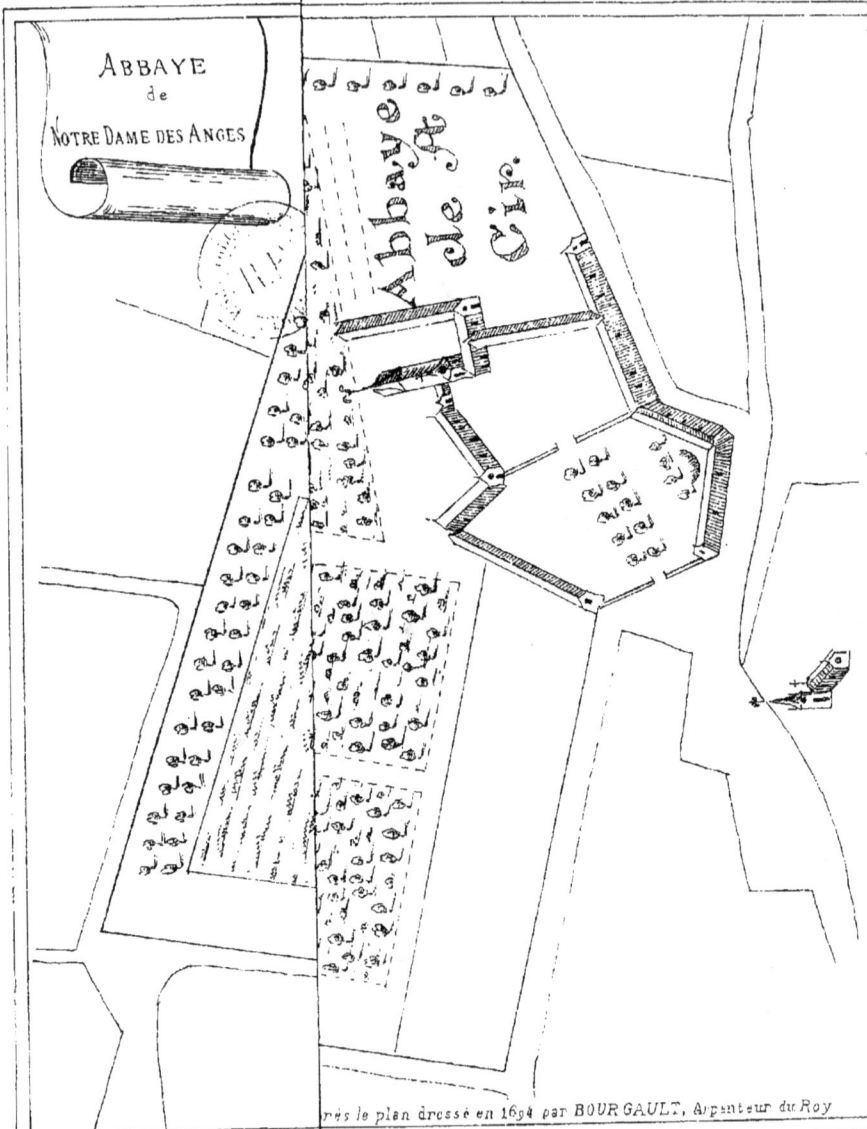

ABBAYE
de
NOTRE DAME DES ANGES

Abbaye des C^ts

rès le plan dressé en 1694 par BOURGAULT, Arpenteur du Roy

K.D. del. 1884

DEUXIÈME PARTIE

L'Abbaye de Notre-Dame-des-Anges.

I. — ORIGINE DE L'ABBAYE.

Saint-Cyr au val de Gallie dépendait autrefois du diocèse de Chartres. Si l'on jette les yeux sur une carte indiquant les limites respectives des anciens diocèses de Paris et de Chartres (1), on remarque une sorte d'enclave pénétrant dans la première de ces deux divisions ecclésiastiques, et comprenant les paroisses de Noisy, Bailly, Soisy-aux-Bœufs, localité aujourd'hui disparue, Fontenay-le-Fleury, Montigny, Saint-Cyr et Trappes, qui appartenaient alors à la juridiction de l'évêque de Chartres. Il est difficile de se rendre compte des raisons qui ont amené cette singularité topographique.

L'abbaye de Notre-Dame-des-Anges, située sur le territoire

---

(1) Voir la « Topographie ecclésiastique du département de Seine-et-Oise » et la carte qui l'accompagne, par A. Dutilleux. (*Annuaire de Seine-et-Oise* pour 1874 et le tirage à part publié chez Cerf et fils, imprimeurs à Versailles).

de Saint Cyr, relevait donc de l'évêché de Chartres. L'origine
de ce monastère, en l'absence des titres primordiaux de fondation, qui nous font actuellement défaut, est mal-aisée à
établir. Les frères de Sainte-Marthe assurent qu'elle fut
fondée par Robert III, évêque de Chartres, lequel occupa le
siège épiscopal de 1156 à 1164. A l'article « Villepreux », l'abbé
Lebeuf avance, sans en déduire la preuve, que « Ebrard de
Villeperor (Villepreux) fut bienfaiteur de l'abbaye de Saint-
Cyr dès le temps de sa fondation, vers l'an 1150. » Ces deux
affirmations semblent concorder, à peu d'années près. Le
Nécrologe de Chartres (1) dit, il est vrai, que l'évêque Robert
institua les trois abbayes de Clairefontaine, de Saint-Remy et
de Saint-Cyr. Mais il paraît être plutôt question ici d'une
autre abbaye de Saint-Cyr, située au territoire de Berchères
(Eure-et-Loir). L'évêché de Chartres possédait, dans cette
dernière paroisse, des biens assez importants, et c'est probablement en ce lieu que l'évêque songea à fonder un monastère plutôt que sur le territoire de Saint-Cyr au val de Gallie,
situé, comme on vient de le voir, à l'une des extrémités de
son diocèse et en dehors, pour ainsi dire, de sa surveillance.

D'autre part, les religieuses de Notre-Dame-des-Anges se
croyaient en droit de faire remonter l'origine de leur abbaye
à une époque bien plus reculée : elles prétendaient avoir
appris par tradition que la création de leur Maison était con-
temporaine de celle de l'abbaye de Chelles, fondée, comme
l'on sait, par la reine Bathilde, en l'an 660. A l'appui de cette
assertion, elles montraient, paraît-il, avec un certain orgueil,
un diplôme royal daté de l'an 1156, dans lequel il était énoncé
que leur abbaye fut fondée par un certain *Bartholomeus
Pilosus*, Barthélemy Velu ou Barbu. Ce diplôme n'est point
parvenu jusqu'à nous. Elles assuraient encore que non seulement le prieuré de Rosny fut rattaché à l'abbaye en 1124,
mais que vers l'an 800 les premières religieuses d'Argenteuil

(1) « Recueil des Historiens de France », t. XIV, p. 430.

furent tirées du monastère de Saint-Cyr. Enfin, du titre de
monastère royal, qu'elles se décernaient sans contestation, on
est en droit de conclure que leur fondation est due à une
origine différente de celle qui leur était généralement attri-
buée.

Toutefois, disent les auteurs du « *Gallia christiana* », si
l'on accepte ces divers récits, on détruit en même temps
l'attribution à l'évêque de Chartres Robert III, de la création
de l'abbaye, mais on ne fournit nullement la preuve que
celle-ci remonte au vɪᵉ siècle. L'histoire, ni les titres anciens
ne donnent aucune indication sur le monastère d'où sortaient
les religieuses qui, sous Charlemagne, furent les premières
occupantes du prieuré d'Argenteuil. D'autre part, le prieuré
de Rosny fut-il fondé en l'an 1124 sous la juridiction de Saint-
Cyr? c'est un point qui ne sera probablement jamais éclairci.
Les Bénédictins déclarent encore qu'il est absurde de pré-
tendre, comme le soutenaient les religieuses, qu'elles eurent
pour fondateur Barthélemy Pelus (c'est ainsi qu'ils l'appellent),
qui aurait vécu sous la première dynastie des rois de France,
longtemps avant que se soit introduit l'usage des noms de
famille. Ils admettent que ce Barthélemy a vécu au commencement du xɪɪᵉ siècle, et qu'il a pu fonder l'abbaye de Saint-
Cyr un peu avant 1156. Robert III, évêque de Chartres, aura
sans doute, peu après, ajouté sa pierre à la première fondation.

Les religieuses de Notre-Dame-des-Anges, qui suivaient la
règle de Saint-Benoît, se virent attribuer d'importants bénéfices par plusieurs grands personnags, et, en particulier,
par les rois Louis VII, Philippe-Auguste et Charles V. Trois
monastères de femmes en dépendaient autrefois : Saint-
Antoine de Rosny, prieuré au diocèse d'Evreux, — Sainte-
Madeleine de Villarceaux, couvent assez célèbre, au diocèse
de Rouen, — et Saint-Corantin, au diocèse de Chartres, élevé
à la dignité d'abbaye dans la seconde moitié du xɪɪɪᵉ siècle.

La Maison-mère de Saint-Cyr eut beaucoup à souffrir pendant les guerres avec les Anglais, pendant les luttes entre protestants et catholiques. Les archives de l'abbaye furent sans doute détruites à ces époques désastreuses; il n'est parvenu jusqu'à nous qu'un très petit nombre de titres anciens; nous en donnerons l'analyse à mesure que nous parcourrons la série des abbesses.

Nous n'avons pas besoin de faire remarquer que la modeste abbaye de Notre-Dame-des-Anges n'a rien de commun avec la célèbre Maison de Saint-Louis, que le roi Louis XIV, sous l'inspiration de Madame de Maintenon, fit élever, en 1684, sur le territoire de la même commune de Saint-Cyr au val de Gallie. La Maison de Saint-Louis, inaugurée en 1686, abrita d'abord une communauté mi-partie laïque, mi-partie religieuse, et devint, en 1694, un monastère régulier de l'ordre de Saint-Augustin.

II. — LISTE DES ABBESSES (1).

I. GANÉSINE, disent les auteurs du « Gallia », siégeait, paraît-il, en 1182. Mais il est à craindre que ce nom n'ait été altéré, car on lit dans les titres que SANCELINE, ou peut-être sœur ANCELINE, siégeait en l'année 1190, et vendit à Maurice, évêque de Paris, deux arpents de pré. D'autre part, on trouve encore que ODELINE ou AMELINE promit obéissance à

---

(1) Le « Gallia christiana » a été notre principal guide dans cette liste des abbesses. On ne s'étonnera donc pas de nous voir souvent invoquer des titres qui fixent la date du gouvernement de chacune d'elles, titres qui existaient encore au moment où les Bénédictins rédigeaient leur célèbre tableau de la France chrétienne, mais qui, pour la plupart, ne sont point parvenus jusqu'à notre époque.

Renaud de Monçon, évêque de Chartres, qui occupa le siège
épiscopal de 1183 à 1217.

Grâce aux indications mises obligeamment à notre disposition par M. l'abbé Gauthier, curé de Saint-Cyr, l'auteur
érudit du « Pouillé du diocèse de Versailles », nous avons pu
transcrire, aux Archives nationales, quelques-uns des titres
concernant l'abbaye, qui remontent à ces époques reculées.
Nous en donnons le texte dans « l'Appendice » qui forme la
troisième partie de cette notice. Ce sont, en premier lieu et
par ordre de dates, la donation des dixmes de Saint-Germain-
en-Laye ou de Poissy, faite au monastère de Saint-Cyr, par
le roi Philippe-Auguste, en l'an 1185 (d'après les Bénédictins :
ex Instrumentis ecclesiæ Carnotensis, LXX.) (1) ; — 2° d'après les
Archives nationales, un diplôme du même souverain, daté de
Fontainebleau, 1190, dans lequel il confirme la donation par
laquelle Gauthier, chambellan, et Asseline, sa femme, concè-
dent aux religieuses de Saint-Cyr le prix à provenir de la
vente d'une maison qu'ils possédaient à Paris, à l'entrée du
Grand-Pont, sous la réserve de soixante sols de rente attribués à Agnès *de Sancto Patulio* (2) ; — 3° La charte citée par les
Bénédictins, mais dont ils n'ont point donné la teneur, datée
également de 1190, et par laquelle SANCELINE, abbesse de
Saint-Cyr, vend à Maurice, évêque de Paris, deux arpents de
pré dans l'île de Méré, que l'abbaye tenait en aumône de
Gilon *Pilosus* (3). Par une singulière rencontre, nous retrou-
vons ici ce nom de *Pilosus*, Velu ou Barbu, qui aurait appartenu, suivant les religieuses, à la famille de leur fondateur.

En la même année 1190, le roi approuve le don fait par
Jehan de Bedefort, son chambellan et Jehanne, sa femme, à
l'Infirmerie ou, si l'on veut, à la Maladrerie de Saint-Cyr,
d'une maison qu'ils possédaient à Paris sur le Grand Pont.

---

(1) Append. n° 1.
(2) Id. n° 2
(3) Id. n° 3.

Bien que le diplôme royal qui autorise cette donation ne concerne pas directement l'Abbaye de Notre-Dame-des-Anges,
nous avons cru devoir cependant, en raison de l'intérêt qu'il
présente pour l'histoire de la commune de Saint-Cyr, le re-
produire intégralement dans l'Appendice (1).

L'Abbaye de Saint-Cyr relevait, pour le spirituel, avons-
nous dit, de l'Evêché de Chartres. Mais les évêques de Paris
y prétendaient à quelques droits temporels, de même que
dans certains monastères, étrangers cependant à leur juridiction. Nous en voyons la preuve dans une Bulle du pape Célestin III, datée du 10 mai 1196, où se trouve mentionné le
nom de l'Abbaye de Saint-Cyr. Nous transcrivons cet acte
d'après le « Cartulaire de l'Eglise Notre-Dame de Paris », publié par Guérard dans les « Documents inédits sur l'Histoire
de France » (2).

II. HEUDEBURGE ou HILDEBURGE gouvernait, dit-on, l'abbaye dans les années 1200 et 1202.

D'après le cartulaire de Maurigny (3) l'abbesse qui siégeait
en 1224 était sœur de l'évêque de Chartres Gauthier (1218-
1234).

Le « Gallia christiana » garde le silence sur les titulaires
qui occupèrent le siège abbatial entre les premières années
du XIIIᵉ siècle et la période correspondante du siècle suivant.
Cependant quelques actes concernant l'abbaye durant cet
intervalle, sont parvenus jusqu'à nous :

1° Une charte de l'Officialité de Paris, du mois de novembre

---

(1) Append. n° 4.
(2) Id. n° 5.
(3) Ainsi orthographié dans le « Gallia » — Peut-être est-il question ici
de l'abbaye de Morigny-en-Beauce (aujourd'hui commune du canton et de
l'arrondissement d'Etampes), dont M. E. Menault, conseiller général de
Seine-et-Oise, a publié le cartulaire (Paris. Aubry, 1867) — Toutefois nous
n'avons pas rencontré dans cette savante publication, dont l'introduction sur-
tout présente le plus haut intérêt, la charte de 1224 à laquelle font allusion
les Bénédictins.

1247, constate une convention intervenue entre Nicolas de
Marly et les religieux des Vaux de Cernay ; le premier cède
aux moines une vigne située entre Charlevanne et le Pecq,
en échange d'une autre vigne sise au territoire dit « la belle
noé (1) », contiguë à *la vigne que les religieuses de Saint-Cyr
possédoient au même endroit* (2).

2° Au mois de juin 1248, saint Louis donne au monastère
de Notre-Dame-la-Royale, dite Maubuisson, la dixme de
Bailly qu'il avait achetée de Pierre de Mailly, ou de Marly,
chevalier. La charte de cette donation (3) présente un certain
intérêt pour l'histoire de l'Abbaye de Saint-Cyr, car celle-ci,
à une date que nous ne pouvons préciser, fut mise en possession de l'autre partie de cette dixme, ainsi que de celle de
Noisy ; ces dixmes étaient donc partagées en proportion
égale entre les deux abbayes. Le « Cartulaire de Maubuisson (4) » renferme l'analyse d'une charte qui peut, sur ce
point, jeter quelque lumière. Nous reproduisons dans l'Appendice, n° 8, le sommaire de cette charte, datée du mois de
février 1253 ; elle mentionne que Guillaume de Bailly et madame Adeluya sa mère, ont donné aux dames de Maubuisson la dixme de tous leurs biens à Bailly et à Noisy, ainsi
que leurs droits sur la dixme des Religieuses de Saint-Cyr,
sise aux mêmes lieux.

Nous relevons encore, dans notre « Histoire et Cartulaire de
Maubuisson », les indications suivantes, relatives au même
objet :

« Extraits des comptes de 1517 et 1518.

» Bailly, Noisy, Marly et dépendances au val de Gallye.

---

(1) *Noé*, en vieux français, espèce de pré bas ou pâturage (Ducange.
V° *Noa*).

(2) Appendice, n° 6.

(3) Appendice, n° 7.

(4) « Histoire et Cartulaire de l'abbaye de Maubuisson », par A. Dutilleux et J. Depoin. — (Pontoise, 1882 et suiv. — 2 vol. in-4° avec nomb.
planches).

» Les dixmes appartenant à nostred. Esglise et lieux dessus dictz dont l'abbesse de Saint-Cyr prent la moitié et nostre
Esglise de Maubuisson l'aultre moitié. Lesquelles ont esté
bailliez et délaissez par nous pour l'an de ce présent compte
à James Hossoy et Arnouillet Bart, moyennant cinquante-
deux livres par. Laquelle somme avons eue et receue pour le
terme de Saint-Martin, l'an de cedit compte ; pour ce LII Liv.
par. »

L'Inventaire des biens de Notre-Dame-la-Royale, dressé vers
1750, porte ce qui suit :

« Il appartient à l'abbaye de Maubuisson la moitié des
grosses et menues dixmes de Bailly, Noisy et les Essarts de
Marly, et à l'abbaye de Saint-Cyr au val de Gallie l'autre
moitié. L'abbaye de Maubuisson paye pour sa moitié trois
muids de grain, ancienne mesure de Paris, deux tiers bled et
l'autre avoine, scavoir un muid de bled et sept boisseaux
d'avoine au curé de Bailly et un muid de bled et sept d'avoine
au curé de Noisy. »

Un autre article du même inventaire comprend les titres
d'une rente de 125 livres « que le Roy paie pour indemnité de
dixme, à cause des terres qu'il a fait comprendre dans le
parc de Marly ». Un autre chapitre concerne les pièces relatives aux réparations du chœur et « escancel » de l'église de
Bailly et Noisy, et travaux divers faits par les dames décimatrices en 1746 et 1754.

En l'année 1256 saint Louis confirme et approuve une donation faite au mois de juin 1249, par Guy de Chevreuse,
châtelain de Neauphle, et Marie, sa femme, aux religieuses
et au monastère de Saint-Cyr, de vingt sous de rente que
sont chargés d'acquitter le prieur et le couvent d'Argenteuil.
Nous reproduisons sous le nº 9 de l'Appendice cette charte
précédemment publiée par M. Moutié dans son « Cartulaire
des Vaux de Cernay » I. pages 433 et suiv.

III. MARGUERITE I. Le nom de cette abbesse n'est pas mentionné par les auteurs du « Gallia ». Nous l'avons rencontré

dans l'abbé Lebeuf (1). « On a, dit-il, des lettres de Marguerite, abbesse de Saint-Cyr, de l'an 1253, qui déclare qu'elle
possède une pièce de vignes *apud Lupicenas* (Louveciennes)
*in territorio quod vallis Eremburgis dicitur, in censiva capi-
tuli Sancti Clodoaldi.* »

Au mois de février 1282, Raoul de Clermont, vicomte de
Châteaudun, et Yolande sa femme, donnent à l'abbaye de
Saint-Cyr vingt-sept septiers de blé à prendre annuellement
en la grange de Sainte-Gemme, au lieu et place de deux
muids de blé de rente annuelle sur les moulins de Dreves
(Dreux ?) Cette charte, que nous croyons inédite, est écrite en
français (2).

IV. MILESENDE gouvernait, dit-on, l'abbaye en l'an 1307.

Vers cette époque, c'est-à-dire au mois de septembre 1311,
le roi Philippe-le-Bel faisait rédiger une charte par laquelle il
assignait sur la coutume et les revenus de la halle de Paris
une somme de 25 livres par. de cens annuel que les religieuses
de Saint-Cyr possédaient sur une maison ayant appartenu à
Simon du Tremblay et qui se trouvait englobée dans les nouvelles constructions que le roi faisait ajouter à son palais de
la Cité. Nous donnons dans l'Appendice n° 11 le texte de ce
document qui peut être utile pour l'histoire de cette partie
du vieux Paris.

Les rois de France ne manquaient pas, d'ailleurs, à leur
avènement, de déclarer qu'ils prenaient sous leur protection
l'abbaye royale de Notre-Dame-des-Anges. C'est ainsi que
nous voyons cette cérémonie se renouveler au moment où
Philippe de Valois monte sur le trône (1328) (3).

V. PÉTRONILLE I. DE PELÉ, occupait le siège abbatial en
l'an 1348. « Peut-être, si nous ne nous trompons, disent les

---

(1) Hist. de la ville et de tout le diocèse de Paris. T. VII, p. 181.
(2) Appendice, n° 10.
(3) Rollot. Histoire de Saint-Germain. — Note communiquée par
M. l'abbé Gauthier.

Bénédictins, était-elle issue de la même maison que Barthélemy Pelus, dont nous avons parlé dans l'introduction historique. »

VI. ISABELLE I, DE VARENNE. On rencontre son nom dans
une charte datée du 10 octobre 1373.

VII. JEHANNE I, DE VERSAILLES.

VIII. DENYSE DU COUDRAY; on a dit, à tort, qu'elle était
abbesse en 1409; son nom est en effet mentionné dans un
titre du mois de septembre 1377.

IX. JEHANNE II, DU COUDRAY. Son nom figure dans les actes
du monastère, du mois de décembre 1390 au mois de novembre 1400.

X. LŒTITIA DE NEMOU ou DE NEMOURS siégeait, d'après
divers titres, en l'an 1406 et au mois de janvier 1409.

XI. JEHANNE III, DE GARENTIÈRES, souscrit un acte daté du
18 mai 1415.

XII. CŒCILE ou GILETTE TURPIN, que suivant l'usage du
temps on appelait « La Turpine », siégeait, dit-on, en 1429.
On trouve encore son nom dans des actes de 1441 et de 1450.

Vers cette époque, et pendant les guerres avec les Anglais,
les religieuses de Villarceaux durent quitter leur monastère
menacé par les ennemis, et se réfugier dans l'abbaye de Saint-
Cyr. On prétend qu'après la cessation des hostilités la Maison
de Saint-Cyr s'appropria les revenus de Villarceaux et ne
laissa à la supérieure de cette communauté que le titre de
Prieure (1). Mais l'exactitude de ce fait, qui ferait peu d'honneur aux dames de Saint-Cyr, est à bon droit fort suspecte. Le
couvent de Villarceaux était situé dans le Vexin français, non
loin de Chaussy (aujourd'hui canton de Magny, arrondissement de Mantes). Dès le XIIᵉ siècle il relevait, à titre de simple
prieuré, de l'abbaye de Saint-Cyr; il fut ruiné par les Anglais et ne se releva jamais de ce désastre auquel on doit
attribuer, et non pas à la rapacité de la Maison-mère, l'état de

_____

(1) Note communiquée par M. l'abbé Gauthier.

dépérissement et de langueur dans lequel il ne fit plus que végéter par la suite.

XIII. GUILLELMINE ou GUILLEMETTE LA SERVANTE fut instituée le 24 juillet 1447 par Pierre Bèchebien, évêque de Chartres, abbesse de Saint-Rémy-des-Landes. Elle fut appelée, vers 1450 probablement, à diriger l'abbaye de Saint-Cyr. On trouve son nom mentionné dans des actes de 1451 et de 1454.

XIV. ISABELLE II, DE MONTBOUCHER, siégeait, paraît-il, en 1466. On la voit citée dans les titres de l'abbaye depuis l'an 1459 jusqu'au mois de décembre 1467.

XV. JEHANNE IV, DE HUMIÈRES. On prétend, à tort il est vrai, qu'elle était abbesse en 1460. Elle promit obéissance entre les mains de Milon d'Illiers, qui occupa le siège épiscopal de Chartres de 1459 à 1493. Son nom figure dans des chartes datées de 1471 et de 1480.

XVI. MARGUERITE II, LE FÈVRE ou LE FAURE. Elle fut également bénite par Milon d'Illiers et cette cérémonie eut lieu le VI des ides d'avril 1480. Elle ne gouverna la communauté que pendant peu de temps.

XVII. MADELEINE I, DE LUXEMBOURG, comparait dans les titres des années 1486 et 1488. Elle se démit en faveur de la suivante.

XVIII. ROBINE APPRICARD ou l'APPRICARDE prit possession en l'an 1490, par l'intermédiaire de Jehan Le Chevrier, abbé des Vaux-de-Cernay. Elle siégeait encore en 1516, ainsi que le constatent les actes du monastère. Les Bénédictins pensaient, non sans raison, qu'elle fut d'abord abbesse de Saint-Rémy-des-Landes, qui est aujourd'hui un écart de la commune de Sonchamp, canton de Dourdan, appartenant, comme Saint-Cyr, au diocèse actuel de Versailles.

XIX. AGNÈS GUILLERME. Elle gouverna l'abbaye non pas en 1547, ainsi qu'on l'a prétendu, mais en 1517. Elle était, de même que la suivante, nièce de l'abbesse Robine Appricard.

XX. PÉTRONILLE II, GUILLERME. Son nom paraît dans les actes, depuis l'an 1518, au mois d'avril après Pâques, jusqu'au

15 octobre 1553. Elle fut bénite le 30 août 1549 par le suffra-
gant de Chartres, Pierre Talon, évêque de Saba *in partibus*.
Elle fit reconstruire le dortoir des sœurs et veilla attentive-
ment à réformer les règles de la discipline. Elle abdiqua en
faveur de la suivante en l'année 1553.

XXI. MARGUERITE III, RAGUIER siégeait, d'après les chartes,
pendant les années 1555 et 1561. Elle se démit en faveur de :

XXII. FRANÇOISE I, DU PLESSIS. Elle avait fait profession
monastique dans le couvent de Montargis, de l'ordre de Saint-
Dominique. Elle comparaît dans les actes du monastère
depuis le 7 octobre 1563 jusqu'au 28 novembre 1565. Elle eut
pour compétitrice la suivante, depuis cette même année 1565
jusqu'en 1570.

XXIII. CHARLOTTE ABOT, religieuse de Saint-Cyr, disputa
l'abbaye à Françoise du Plessis et inscrivit son nom dans
plusieurs actes rédigés pendant les années 1567 et 1568.

La lutte entre les deux abbesses ne tarda pas à prendre des
proportions regrettables. En vue d'y mettre un terme, le roi
désigna Claudie de Montparlier, religieuse du même monastère, pour administrer le couvent tant que le litige demeure-
rait en suspens. Or, en l'année 1569, aux mois de novembre
et de décembre, deux arrêts du Grand-Conseil décidèrent :
1° que l'une et l'autre des deux compétitrices se retireraient
à Paris, Françoise chez les Filles-Dieu, Charlotte chez les
Franciscaines du faubourg Saint-Marceau ; 2° que le prieur de
Saint-Germain-des-Prés désignerait deux de ses moines qui,
après en avoir d'abord obtenu l'autorisation de l'évêque de
Chartres, réformeraient dans le monastère de Saint-Cyr ce
qui était à corriger et institueraient une nouvelle abbesse.
En conséquence, au mois d'avril 1570, toutes les religieuses
(elles étaient alors en tout au nombre de onze) ayant été
réunies, les deux commissaires, dont l'un était Jacques du
Breul, l'auteur érudit du « Théâtre des Antiquitéz de Paris »,
approuvèrent l'élection qu'elles avaient faite de Madeleine
Hennequin, religieuse de Montmartre. En vertu des lettres

patentes du roi, données au mois de février 1571, ils installèrent dans sa charge la nouvelle abbesse ; enfin, par sentence rendue au mois de mai suivant, ils renvoyèrent Françoise à Montargis et Charlotte à Saint-Cyr, avec obligation, pour l'une comme pour l'autre, de vivre sous l'obéissance de leur abbesse respective. Les Bénédictins ont soin de nous apprendre que les détails qui précèdent sont extraits des registres de l'abbaye de Saint-Germain-des-Prés.

XXIV. MADELEINE II, HENNEQUIN, dont nous venons de parler, paraît n'avoir siégé que peu de temps.

XXV. MARGUERITE IV, PARDIER fut appelée, dit-on, au siège abbatial en l'an 1571, l'année même où avait été instituée l'abbesse Madeleine Hennequin.

XXVI. DENISE II, DE SAZILLE est mentionnée dans une charte du mois de novembre 1592.

XXVII. CLAUDIE DE BEAUNE siégeait, paraît-il, en l'année 1595.

XXVIII. JEANNE V, ARNAUD, sœur cadette de Jacqueline Marie des Anges, réformatrice de Port-Royal. Elle naquit à Paris, le 31 décembre 1593, d'Antoine Arnaud, seigneur d'Andilly, procureur général de la reine Catherine de Médicis, et de Catherine Marion. Grâce à l'appui de Simon Marion, son aïeul maternel, avocat général au Parlement de Paris, elle fut nommée abbesse de Saint-Cyr à l'âge de six ans; mais on lui adjoignit pour co-adjutrice Marguerite Desportes. Celle-ci reçut la garde de la jeune abbesse en 1599, et lui fit prendre l'habit de religion l'année suivante, le 29 juin 1600. Sept ans après, Jeanne Arnaud se démit de son abbaye pour se retirer à Port-Royal où elle prit le nom de Mère Agnès. C'est là qu'elle mourut, le 19 février 1671, après avoir travaillé aux *Constitutions* de ce monastère, 1621, in-12. Elle écrivit deux autres ouvrages, l'un intitulé : *l'Image d'une religieuse parfaite et d'une imparfaite*, Paris, 1660, in-12; — l'autre, le *Chapelet secret du Saint-Sacrement*, 1663, in-12 (1).

_____

(1) « La France pontificale », — Diocèse de Chartres, p. 468.

XXIX. MARGUERITE V, DESPORTES, d'abord religieuse de Saint-Antoine de Paris, était fille de Nicolas Desportes, auditeur en la Chambre des Comptes. Elle passa en qualité de co-adjutrice à Saint-Cyr, qu'elle gouverna d'abord en cette qualité, de 1599 à 1607. Elle se montra très zélée pour les intérêts de sa communauté et mourut en 1625.

XXX. CATHERINE DESPORTES succéda à sa tante dont elle avait été la co-adjutrice, vers l'an 1614. Ayant embrassé en 1630, dans le couvent du Val-de-Grâce, à Paris, une règle de vie plus sévère, elle se livra toute entière à la réforme de ses sœurs de Saint-Cyr, et ne fut pas trompée dans les espérances qu'elle avait conçues à cet égard. — Elle fit construire deux dortoirs, la cuisine, le réfectoire, l'infirmerie et d'autres bâtiments importants.

C'est à la demande de cette abbesse que Léonor d'Estampes de Valençay, évêque de Chartres, de 1620 à 1641, dressa à nouveau la Règle de l'abbaye de Saint-Cyr, publiée en 1633 sous le titre suivant : « La Règle du bienheureux père saint Benoist, avec les Constitutions accomodées à icelle pour les Religieuses Bénédictines de Nostre-Dame-des-Anges de Sainct-Cyr. — à Paris, chez Louis Feugé au mont Saint-Hilaire, au collège de Mercy. M.DC.XXXIII. avec approbation. » Ce volume, dont un exemplaire existe à la Bibliothèque nationale (1), porte en tête la lettre suivante de l'évêque Léonor de Valençay :

« A mes très chères filles l'abbesse, religieuses et couvent du monastère de Saint-Cyr.

» Mes très-chères filles, le soin paternel que nous avons de vous, nous convie de rechercher tous les moyens de faire refleurir l'ancienne discipline régulière dans vostre monastère, mais ce qui nous en augmente davantage le désir est la cognoissance que nous avons de vos louables résolutions et des effets que vous nous en faites espérer.

---

(1) Indication donnée par M. l'abbé Gauthier.

» Ce que vous trouverez retranché, ce sont austéritez que
nous avons creu estre trop rudes et rigoureuses pour vous
et desquelles le Sainct-Siège a prudemment dispensé.

» Vostre très affectionné en nostre Seigneur L. D'Estampes,
Evêq. de Chartres. ».

XXXI. Elisabeth d'Aligre avait été précédemment religieuse du prieuré de Bellomer, ordre de Fontevrault. Elle
était fille d'Etienne d'Aligre, chancelier de France, et de Jeanne
L'Huillier. Elle naquit à Venise pendant l'ambassade de son
père et fut consacrée, en qualité d'abbesse de Saint-Cyr, dans
le monastère des Filles-Dieu de Paris, à l'âge de 24 ans. Son
frère, François d'Aligre, abbé de Saint-Jacques de Provins
depuis 1643, l'aida par ses largesses à augmenter et à orner
magnifiquement les constructions du monastère. C'est vraisemblablement de cette époque que date la belle porte d'entrée,
décorée des armes de France supportées par deux anges, qui
existe encore et qui n'aurait besoin que de quelques réparations pour recouvrer son aspect monumental.

Elisabeth d'Aligre eut successivement pour co-adjutrices
deux de ses sœurs : Anne, qui avait été religieuse à Fontevrault, décédée le 1er avril 1669, et Françoise, qui lui succéda.
Elle-même, après avoir abdiqué ses fonctions abbatiales, en
1688, mourut à Paris dans l'abbaye de Pantemont, en 1699.

Peut-être les soucis que lui causa la création de la Maison
royale de Saint-Louis ne furent-ils pas étrangers à la résolution qu'elle crut devoir prendre de quitter l'abbaye de
Notre-Dame-des-Anges. Louis XIV, cédant à la louable inspiration de Madame de Maintenon, avait résolu de transférer à
Saint-Cyr les quelques filles nobles qu'il avait fait élever tout
près de là, à Noisy-le-Roi ; il voulait donner à cette institution
naissante tous les développements qu'elle pouvait comporter.
Dans cette intention, il avait d'abord jeté les yeux sur le monastère de Saint-Cyr ; il avait fait proposer aux religieuses
de lui céder leur Maison et de les établir à Paris. Elles crai-
gnirent de perdre leur tranquillité et le supplièrent de les

laisser « où les avait mises, disaient-elles, le saint roi Dago-
bert, » et à l'appui de cette parole, elles demandèrent, pour
prix de leur établissement, 500,000 livres, somme qui repré-
senterait environ aujourd'hui deux millions. Louis XIV eut
la pensée de les contraindre, mais Madame de Maintenon
calma l'irritation du roi : « Je n'oserois plus me montrer, lui
dit-elle, si je commençois ma fondation par un coup d'autorité. » Alors on s'adressa au marquis de Saint-Brisson, membre de la famille Séguier, propriétaire d'un petit domaine situé
également sur le territoire de Saint-Cyr. Le marquis consentit
à vendre cette propriété consistant en château, parc, bois,
ferme, terres, le tout de la contenance de 300 arpents, moyennant 94,000 livres. Le contrat en fut passé le 9 avril 1685 entre
lui et le maréchal de la Feuillade, qui céda ensuite, sous forme
d'échange, la propriété au roi (14 juin 1686) (1).

Craignant, non sans quelque raison peut-être, les conséquences du ressentiment du Grand Roi, les religieuses de
Notre-Dame-des-Anges se confinèrent plus étroitement que
jamais dans la paisible obscurité qui avait toujours été jusqu'alors le partage de leur monastère ; elles évitèrent avec le
plus grand soin tout point de contact avec leurs toutes-puis-
santes voisines et vécurent ainsi à l'abri des agitations du
monde jusqu'au moment où la Révolution supprima, par mesure générale, les ordres monastiques.

Les Archives de Seine-et-Oise conservent un très beau plan
manuscrit qui fut dressé par ordre de Louis XIV pour la
Maison de Saint-Louis. Il porte la légende suivante : « Carte
et Arpentage des terres, prez, bois, etc., et autres héritages
scituez sur la Seigneurie de Saint-Cir, appartenant à mes
dames de la Maison Royalle de Saint-Louis établie à Saint-
Cir. — Faite par Bourgault, Arpenteur du Roy en 1694 ».
L'abbaye de Notre-Dame-des-Anges figure sur ce plan avec

---

(1) Lavallée « Histoire de la Maison royale de Saint-Cyr ». Édition
Furne, 1853, p. 36.

des détails qui permettent de se rendre compte de la disposition des bâtiments à cette époque. La première cour était,
comme elle l'est encore aujourd'hui, entourée sur trois de ses
côtés des constructions de la ferme. Elles décrivaient, autour
de cet enclos, une sorte de polygone irrégulier, auquel don-
nait accès la porte monumentale dont nous avons déjà parlé.
On passait par une issue pratiquée en face de la grand'porte
d'entrée, dans l'enceinte proprement dite de l'abbaye, dont
les différents bâtiments étaient également disposés suivant un
plan assez irrégulier. A droite, un vaste corps de logis (dont
une petite partie, encore existante, a été affectée à la direction
de l'Asile de l'enfance), renfermait, selon toute apparence, le
pensionnat, relié aux bâtiments claustraux par une longue
construction placée d'équerre sur le milieu du pensionnat, et
qui, sans doute, en faisait également partie. On accédait ensuite au *cloître* qui, limité à droite par le *réfectoire* et les *dor-*
toirs et à gauche par l'*église*, était ouvert du côté de l'occi-
dent, afin d'aérer l'édifice et de laisser jouir de la vue du
panorama étendu qui se développe de ce côté; l'église, parfaitement orientée, avait été, parait-il, construite au xiie ou au
xiiie siècle; elle ne manquait pas d'élégance, on en voit une
sorte de représentation figurée sur le plan de 1694. Le bâtiment que l'on rencontre sur le même plan, un peu à gauche
de l'église, était vraisemblablement le *logis abbatial*, relié
à la chapelle par une petite construction de moindre importance, la *sacristie*, sans doute. Le plan dont nous parlons ne
donne pas le détail des jardins; il ne les indique que d'une
manière sommaire. On sait cependant que, dès cette
époque, ils étaient fort agréablement plantés et renfermaient
un bassin, une pièce d'eau, des bosquets, etc. De tous ces
divers bâtiments il ne subsiste plus que la majeure partie
des constructions de la ferme, qui tombaient presque en
ruines au moment où le Département a fait acquisition de la
propriété, et l'extrémité du « Pensionnat », dont l'état de
conservation était un peu moins défectueux.

XXXII. Françoise II, d'Aligre dont nous avons parlé plus haut, fit profession religieuse dans le couvent de la Ville-l'Evêque, de Paris, et devint abbesse de Saint-Cyr en 1688. Elle mourut le 3 février 1719, à l'âge de quatre-vingt-cinq ans.

XXXIII. Madeleine-Françoise III, d'Aligre, née le 2 avril 1690, était fille d'Etienne d'Aligre, seigneur de la Rivière, de Vieux-Château, etc., maître des requêtes, et de Madeleine Le Pelletier, sa première femme. Coadjutrice de sa tante en 1717, elle devint abbesse de Saint-Cyr en 1719, et l'était encore en 1726.

XXXIV. N... Boutillier de Chavigny est la dernière abbesse dont fasse mention le « Gallia ».

Les trois dernières abbesses sont indiquées très sommairement dans la « France Pontificale » :

XXXV. N. . d'Aidie de Riberac.

XXXVI. N... de Molitar. Le roi la nomma abbesse de Saint-Cyr en 1750.

XXXVII. Marguerite de Guillermin.

Nos recherches personnelles et quelques rares documents conservés dans les Archives du département de Seine-et-Oise, nous permettent de donner sur Mme de Guillermin et les derniers moments de l'abbaye, pendant la période révolutionnaire, des détails qui nous paraissent mériter quelque attention et que nous réunirons sous le titre suivant.

III. — L'ABBAYE DE SAINT-CYR DEPUIS 1789.

La dernière abbesse de Saint-Cyr était née le 11 mars 1746, de « Messire Jean-Baptiste de Guilliermin (*sic*), écuyer, seigneur des Combes, et de dame Claude-Marie Bouthier, demeurant à Mars » (aujourd'hui commune du département de la Loire). Elle fut baptisée le lendemain; son parrain fut Antoine Barbier, domestique, demeurant chez le dit Messire de Guilliermin, et sa marraine Antoinette Danière, aussi domestique, servant chez le même maître (1).

D'après la « France Pontificale », Mme de Guillermin devint abbesse de Saint-Cyr le 12 juin 1785 ; elle conserva cette charge jusqu'au moment où elle en fut dépossédée par la Révolution.

Le décret de l'Assemblée nationale des 13-18 novembre 1789, enjoignit aux titulaires des bénéfices ecclésiastiques et aux supérieurs de maisons et établissements religieux, de faire une exacte déclaration de tous les biens mobiliers et immobiliers dépendant de leurs établissements, ainsi que des revenus et des charges de ces mêmes maisons. En exécution de ce décret, « Marguerite de Guillermin, abbesse de l'abbaye royale de Saint-Cyr, grand parc de Versailles, patronne et dame en partie dudit lieu, fit déclaration pardevant M. le bailly de Versailles et MM. les officiers municipaux dudit lieu de Saint-Cyr, de tous les biens mobiliers et immobiliers dépendant de ladite abbaye royale de Saint-Cyr, ainsi que de tous les revenus et charges de ladite abbaye. »

---

(1) Son acte de baptême existe aux Archives de Seine-et-Oise.

Cette déclaration est conservée aux Archives de Seine-et-Oise: elle donne des indications intéressantes sur la disposition des bâtiments de l'abbaye et sur les objets mobiliers qu'ils renfermaient. Nous les reproduisons par extraits dans l'Appendice, n° 12. Il est facile de voir qu'à cette époque les constructions étaient en fort mauvais état et que le mobilier ne se composait que de quelques objets tombant de vétusté et d'une valeur presque nulle. La bibliothèque renfermait uniquement un petit nombre de volumes de piété ou des livres de classe à l'usage des pensionnaires. Quant à « la chambre dite dépôt des papiers », la déclaration n'y fait mention d'aucun titre, charte ou cartulaire; il est plus que probable que, dès avant ce temps, le chartrier de l'abbaye avait été dispersé ou détruit. Les Archives de Seine-et-Oise et les Archives nationales ne possèdent à cet égard que de rares épaves qui, pour la plupart, ne sont autres que des copies relativement modernes de titres plus anciens.

Les biens immeubles se composaient tout d'abord de l'abbaye, de la ferme y attenante et de ses dépendances, de deux ou trois petites maisons sises à Saint-Cyr, de six fermes situées à Fontenay-le-Fleury, à Feucherolles, au Mesnil-Picquet (paroisse de Vicq), et encore des fermes de la Millière, paroisse de Méré, de la Henrière et des Châtelets, ces deux dernières sur la paroisse de Chuisnes, près de Courville-en-Beauce, et enfin, du prieuré de Nassandre, au diocèse d'Evreux.

L'abbaye percevait en outre diverses redevances, entre autres la moitié des dixmes de Bailly et de Noisy, quelques rentes foncières en nature ou en argent, etc.

Dans sa déclaration, l'abbesse de Notre-Dame-des-Anges évaluait la totalité des revenus à la somme de 18,700 livres 7 sous 10 deniers. Quant aux charges, elles se seraient élevées, d'après le même document, à la somme de 11,307 livres 14 sous, de telle sorte que les revenus nets de la Maison n'auraient été que de 7,393 livres environ.

Mais un « Etat des recettes et dépenses de la communauté pour l'année 1790 », dressé et signé par l'abbesse et quelques-unes des religieuses, et daté du 24 janvier 1791, présente des évaluations quelque peu différentes, dont voici le résumé :

D'après cet état, le total des recettes se serait élevé à 32,526 l. 2 s. 2 d. qui se décomposent comme il suit :

Rentes constituées et foncières........ 8,650 l. 18 s.
Rentes en argent.....................   857   »
Rentes en nature (mémoire).
Fermages............................ 10,094 »
Pensions des dames et des jeunes filles résidant dans le pensionnat, au nombre de 31, parmi lesquelles des personnes appartenant aux familles de Villefort, de Monville, de l'Espine, de Condé, Chamillard, de Costar, de Neuville, de Cameron, Le Tellier, etc............................ 10,192 16
Casuels............................. 1,103   »
Recettes diverses (vente de lait et fromages), produits du jardin, « leçons de musique et clavecin données à plusieurs de nos demoiselles, » etc................. 1,408   09
Total des recettes.......... 32,526 l. 02 s. 2 d.

DÉPENSES

Frais pour le culte et l'Eglise..........   434 l. 03 s.
Apoticairerie et infirmerie, (l'abbaye se fournissait chez Carreaux, apoticaire à Paris)   380   07
Vestiaire. — Toile, étamine, serge, raccommodage des habits et chaussures..... 1,189   14
A reporter..... 2,004   04 s.

Report..... 2,004 04 s.

Farine, blé, méteil, achetés à Poissy, à Guyancourt, Argenteuil et Versailles..... 4,233 13

Vin et cidre ; le vin était acheté à Auxerre par l'intermédiaire du banquier auquel l'abbaye redevait encore différentes sommes sur les années 1788 et 1789.............. 2,976 12

Viande de boucherie, fournie généralement par Piot, boucher à Trappes........ 6,490 11 06 d.

Beurre, lait, œufs et sel. (863 livres de beurre, 12,644 pintes de lait, 16,000 œufs, 2,200 livres de sel.)..................... 3,020 09

Grains ; pois ; lentilles ; asperges ; petits pois.............. .... 282 05

Epiceries et chandelles, achetées à Versailles et à Saint-Cyr................... 1,298 08

Salines et poissons, « molue, harangs blancs », etc........................... 243 07

Etrennes, achats d'ustensiles pour la maison, blanchissage du linge........... 1,969 »

Travaux du jardin, entretien et frais de la basse-cour, labour, hersage et semences, ruches, charrois, fumier, entretien du cheval, journées de jardiniers, « du taupier », etc..................................... 1,325 10

Bois et charbon...................... 2,264 18

Charges de la maison (rentes de cens, au chapelain, à l'intendant, au chirurgien, à la tourière, au sacristain, aux jardiniers, aux domestiques, au menuisier)......... 2,602 09 03

Affaires, poste et voyages. — A M. Du Parc, juge de la prévôté de Versailles, à M. Mercier, procureur fiscal, etc. (Les ports

A reporter..... 28,711 06 09 d.

Report.....	28,744	06 09 d.

de lettres s'élèvent, pour l'année, à la somme
de 450 l.).............................. 336 46 »

Réparations aux fermes, aux bâtiments
de l'abbaye, entretien de l'horloge et des
pendules, sciage de bois, cloche pour la
porte charetière, journées de maçons et de
manœuvres............................. 945 02 09

Chapitre des impositions des fermes, des
terres, des jardins et de la maison........ 2,197 02 05

Total général des dépenses... 32,490 07 44
La recette étant de........... 32,526 02 02

Il en ressort un excédant de
recette de................ 335 l. 14 s. 03 d.

On doit admettre que le pouvoir, ou, si on aime mieux, la
valeur de l'argent a au moins doublé depuis un siècle : par
conséquent les 32,526 livres de revenus de l'abbaye, en 1790,
représenteraient aujourd'hui environ soixante-dix mille livres,
somme d'ailleurs bien modique si l'on considère qu'elle de-
vait suffire à la réparation des bâtiments, à la nourriture, à
l'entretien des pensionnaires et des religieuses qui, à cette
même date, étaient encore au nombre de 34, dont 42 sœurs
converses ; leurs noms nous ont été conservés dans l'état
suivant (1).

MUNICIPALITÉ DE SAINT-CYR

CANTON DE VERSAILLES

Etat nominatif des Religieuses bénédictines de Saint-Cyr
(sans date, mais vers 1790) :

Marguerite de GUILLERMIN, abbesse.

Marie Louise SERRIER Pélagie, *sœur.*

---

(1) Archives de Seine-et-Oise.

Marie Louise JOMAIN NOLL, *sœur*.
Marie Cather. Antoinette du WIGNET DE LENCLOS, id.
Jeanne Rosalie CASTELLAS, id.
Marie Augustine d'HAURIAC DE RIBAGNAC, id.
Marie Hortense FILLETIN, id.
Pierre Marie Catherine de RHAUMILLY (?), id.
Anne Geneviève de ROUDIER, id.
Marie Armande Françoise BROSSARD DE MÉLICOURT, id.
Marie Antoinette LANGLOIS, id.
Marie STUBBES, id.
Suzanne Sophie BLONDELOT, id.
Marie Geneviève GOUGEAUL, id.
Catherine Geneviève NAVEL, id.
Anne Catherine LE BRUN, id.
Marie Pierre LAUTOUR, id.
Anne Françoise MAUDRÉE, id.
Marie Rose Reine HERVÉ DE MARCILLAC, id.
Geneviève Françoise Charlotte DUPUIS, id.
Anne BOUSQUET, id,
Pauline Elizabeth de PONTHIEU, id.
      Total 22.

Sœurs converses.
Anne Catherine BASTIONNET.
Louise SAVEREUX.
Marie Catherine METSCHERSEM.
Marie Françoise FOSSEY.
Marie Marguerite VASSEUR.
Marie Anne MAYER.
Marie Jeanne Thérèse GONTIER.
Marie Françoise d'HERLUY.
Marie Geneviève GIGOT.
Marguerite BLANCHET.
Marie Jeanne Victoire DECLÈVES.
Louise AUBRY.
      Total 12.

Une lettre, d'ailleurs sans intérêt, écrite par Madame de Guillermin aux environs de 1790, porte un petit cachet de cire d'Espagne rouge lequel, à défaut d'autre document analogue, peut nous renseigner sur le sceau de l'abbaye ; voici la description de ce signet : ovale 0,022 × 0,018. — Dans le champ la Vierge debout, couronnée, les pieds nus reposant sur le croissant symbolique, accostée de quatre anges, deux de chaque côté, à genoux et priant. Au-dessus de la tête de la Vierge, entourée de rayons, une sorte de couronne de fleurs (?) du milieu de laquelle émerge une crosse abbatiale dont la volute est tournée à droite ; autour du cachet, cette légende en petites capitales romaines : NOTRE DAME DES ANGES DE ST CIR.

Mais les évènements politiques s'étaient rapidement succédé et les jours de l'abbaye étaient comptés : le 9 juillet 1790 avait été rendu un décret dont l'intitulé et l'article premier portaient ce qui suit :

« L'Assemblée nationale, considérant que l'aliénation des domaines nationaux est le meilleur moyen d'éteindre une grande partie de la dette publique, d'animer l'agriculture et l'industrie et de procurer l'accroissement de la masse générale des richesses par la division de ces biens nationaux en propriétés particulières toujours mieux administrées et par la facilité qu'elle donne à beaucoup de citoyens de devenir propriétaires, a décrété ce qui suit : Art. 1er — Tous les domaines nationaux, autres que ceux dont la jouissance aura été réservée au Roi, pourront être aliénés en vertu du présent décret et conformément à ses dispositions, l'Assemblée nationale réservant aux assignats-monnaie leur hypothèque spéciale. . . etc. »

En exécution de ce décret, les 27 avril et 12 mai 1791, les administrateurs du Directoire du district de Versailles firent procéder à l'adjudication de la ferme de l'abbaye, ainsi désignée au procès-verbal :

« Une ferme située dans la municipalité et territoire de

Saint-Cyr appartenant ci-devant et faisant une dépendance
des Biens et Revenus de l'abbaye Notre-Dame-des-Auges dudit Saint-Cyr, consistant :

» 1° En un corps de logis servant de logement pour
le fermier, granges, étables, écuries, bergeries, étables à
vaches, pressoir au bout duquel est un petit corps de logis occupé par le menuisier de lad. abbaye, basse cour
coupée en deux par l'avenue qui conduit à l'abbaye, où il y
a un passage qui communique d'une cour à l'autre, une cave
dans lad. basse cour, une volière, deux toits à porcs, poulailler et laiterie ;

» 2° Un jardin clos de murs, contenant un arpent et demi,
appelé le Jardin de Madame, tenant d'un côté et d'un bout au
chemin du Haut de Fontenay, d'autre côté au clos de lad.
abbaye et d'autre bout aux bergeries de lad. ferme ;

» 3° 20 arpents 3 quartiers ou environ de préz en plusieurs
pièces situées sur le terroir dud. Saint-Cyr, y compris un
jardin clos de hayes que le fermier a fait pratiquer sur le pré
de la ville ;

» 4° Deux arpents 60 perches de bois taillis dans la butte
dud. St-Cyr ;

» 5° Sept arpents d'aunes et pâtures, proche l'enclos de
lad. abbaye ;

» 6° Cent cinquante six arpents un quartier de terres labourables en plusieurs pièces, situées tant sur le territoire
de Saint-Cyr que sur ceux de Guyancourt, Montigny, Bois
d'Arcy et Fontenay-le-Fleury. »

L'adjudication fut prononcée au profit du sieur François
Boulangé, fermier des biens ci-dessus désignés, et demeurant en ladite ferme, moyennant, outre les charges, le prix
principal de cent quarante mille cent livres, somme considérable, il est vrai, mais qu'il était permis d'acquitter en
assignats ; or, comme à ce moment les assignats commençaient

déjà à perdre de leur valeur nominale (1), le sieur Boulangé n'avait pas réalisé une trop mauvaise opération. Il est probable d'ailleurs qu'il avait fait cette acquisition pour une tierce personne et qu'il déclara peu après command en faveur d'un sieur Lemaistre, dont nous rencontrerons le nom plus loin, en parlant de l'évacuation de l'abbaye.

Le 18 août 1792, parut le décret qui prononçait la suppression des congrégations séculières et des confréries :

« L'Assemblée nationale, considérant qu'un Etat vraiment libre ne doit souffrir dans son sein aucune corporation, pas même celles qui, vouées à l'enseignement public, ont bien mérité de la Patrie, et que le moment où le Corps législatif achève d'anéantir les corporations religieuses est aussi celui où il doit faire disparaître à jamais tous les costumes qui leur étaient propres, et dont l'effet nécessaire serait d'en rappeler le souvenir, d'en retracer l'image, ou de faire penser qu'elles subsistent encore, décrète ce qui suit..............

» ART. 15 du titre V. — Les membres des congrégations supprimées pourront disposer du mobilier de leur chambre seulement, et des effets qu'ils prouveront avoir été à leur usage exclusif et personnel, sans toutefois qu'ils puissent enlever lesdits effets qu'après avoir prévenu la municipalité du lieu, et sur la permission qu'elle en aura donnée.

ART. 16. — Il ne pourra, sous aucun prétexte, être touché aux meubles, argenterie et livres communs, vases et ornements d'église, desquels objets il sera fait inventaire par la municipalité, sur la délégation des directoires du district, et procédé au récolement avec les déclarations qui ont dû être faites en exécution du décret du 13 novembre 1789. L'inventaire des livres et des tableaux sera adressé au Comité de

---

(1) Le 31 mai 1791 le louis de 24 livres avait une valeur, en assignats, de 28 liv. 5 s. = cf. Bazot « Histoire des Assignats », p. 119. — Amiens, imp. Caron et Lambert, 1862.

l'Instruction publique, conformément au décret du 2 janvier 1792. »

Dès le mois de septembre suivant, ce décret recevait son application relativement à l'abbaye de Notre-Dame-des-Anges ; le 28 de ce même mois, les officiers municipaux de la commune de Saint-Cyr se transportaient au monastère pour procéder aux opérations prescrites par le décret et principalement pour veiller à ce que les religieuses n'emportassent, en se retirant, que les meubles et effets à leur usage personnel.

L'évacuation du couvent donna naissance à deux incidents relatés dans les procès-verbaux dressés à cette occasion par la municipalité de Saint-Cyr ; l'un de ces épisodes aurait pu avoir pour l'abbesse et ses sœurs des conséquences funestes ; l'autre, d'une portée bien moins sérieuse, est simplement assez plaisant.

Au moment où les membres de la municipalié pénétraient dans le couvent, on vint leur dire que le même jour, vers neuf heures du matin (1), « plusieurs citoyens avaient apperçu sortir une voiture et un cheval, chargés de farine, sortant de chez lesdites religieuses, ce qui leur attira l'indignation des habitans ; que la Municipalité de Saint-Cyr, comprenant une population de onze à douze cents âmes, qu'elle n'a dans sa commune que deux boulangers, que ces boulangers depuis plusieurs jours ne pouvoient se procurer des farines, tant à Versailles qu'à Paris, et par cette disette affreuse, se trouvent hors d'état et dans l'impossibilité de substanter la paroisse ; que la Municipalité requise par la voix publique de pourvoir à cette extrémité, se transporta à leur couvent, qu'elle demanda à l'Econome si elles n'avoient pas de farine de trop pour leur consommation ; vu le peu de temps qu'il leur restoit à habiter leur maison, à quoi l'éco-

_____

(1) Nous laissons parler le procès-verbal du 28 septembre 1792.

nome balançant répondit qu'elle n'en avoit que ce qu'il leur
en falloit pour vivre jusqu'à leur départ (mensonge des plus
grave puisqu'il y en avoit 4 sacs tout pleins du poids ordinaire dans leur chambre à farine, qui étoit destinée au même
boulangé à qui elle en avoit vendu le matin), qu'il lui fut répondu qu'elle en avoit vendu le matin à un boulanger de Versailles, et que les habitants l'avoient vu emporter; ne pouvant
plus dissimuler, elle répondit que cela étoit vrai, mais que
c'étoit à un homme avec qui elle faisoit des marchés qu'elle
l'avoit revendue; qu'il lui fut répondu à ladite Econome que
leur conduite pour la paroisse étoit des plus ingrates, d'autant qu'elle ne devoit point ignorer la disette qu'éprouvoit la
commune en ce moment, que puisqu'il leur en restoit encore
4 sacs, nous espérions qu'elle nous la vendroit, dussions-nous
la payer 100 liv. le sac, pour alimenter dans ce moment notre
infortunée commune; qu'elle nous répondit, ainsi que la cydevant abbesse, que qui que ce soit ne l'emporteroit que par
l'ordre de la Municipalité et argent comptant; que l'après-
diné nous remontâmes à la chambre de l'Econome, laquelle
étoit accompagnée de la ci-devant abbesse et d'autres religieuses, qu'elle dit que elle pensoit avoir payé lad. farine 52
ou 53 liv. le sac, mais que pour plus de sûreté elle envoya
chercher à son bureau la facture du marchand, laquelle la
portoit à 54 liv.; qu'alors lad. économe, la cyd. abbesse et une
autre religieuse, nous recommandèrent de leur payer comptant, elles interpellent le s^r Bonneaux, officier municipal, de
se porter caution pour la somme de 216 liv., prix desd. 4 sacs;
le tout ainsi convenu, les deux boulangers de notre commune
se trouvant là afin de partager lesdits 4 sacs, et ont apporté
lad. somme de 216 liv. convenue suivant les factures. »

Tout alloit bien jusque là, quand survint un person-
nage dont la venue donna lieu à de nouvelles difficultés :

« Que dans cet instant arrive le boulangé de Versailles avec
une voiture pour enlever lesd. 4 sacs, accompagné de deux
hommes qu'il avoit avec lui pour la charger; qu'il fut dit aud.

4

boulanger que la commune avoit acheté par l'organe de ces
officiers municipaux les 4 sacs restant ; qu'il répondit que la
farine étoit dans ses sacs et qu'il l'emporteroit : qu'alors il
s'introduisit chez lad. économe, laquelle étoit accompagnée de
la cydevant abbesse, où de concert ensemble ont consenti à
un monopole affreux avec led. boulangé puisque en la quit-
tant il dit que la farine avoit été achetée par luy et payée
58 liv., et que c'étoit à luy que la Municipalité auroit afaire ;
qu'il luy fut représenté que la nécessité urgente où se trouvoit réduite la commune ne pouvoit point porter atteinte à la
loi, lequel monte à la chambre à farine et vuide ses sacs et
s'en retourne, en menaçant la commune et la Municipalité
qu'il se pourvoiroit ; que les officiers municipaux offrirent à
lad. économe, lors en son lit pour cause soi-disant d'indispo-
sition, luy comptèrent 216 liv., qu'elle refusa recevoir, disant
qu'elle s'étoit arrangée avec son marchand, que cela ne la re-
gardoit plus, que la facture de 54 liv. qu'elle avoit montrée
étoit antérieure, qu'elle coutoit 58 liv., qu'enfin elle se refusoit
absolument à recevoir même le coûtant : enfin la farine fut
néanmoins enlevée par nos boulangers et remportâmes lad.
somme. »

Ainsi la municipalité de Saint-Cyr triomphe : les Ver-
saillais se passeront de farine ; celle-ci, d'ailleurs, ne coû-
tera pas cher aux boulangers du village, puisque, comme le
dit naïvement le procès-verbal, « ils enlevèrent la farine et
remportèrent la somme ». Toutefois, pour rassurer leur con-
science, et sans doute aussi pour prévenir le mécontentement
de l'administration du district, les officiers municipaux de
Saint-Cyr s'efforcèrent, dans leur procès-verbal, de rejeter
toute la responsabilité sur l'abbesse de Notre-Dame-des-
Anges :

« Dans cette affaire, il est une preuve bien évidente de la
vindication religieuse contre la commune de Saint-Cyr qui,
jusqu'alors les avoit préservées de tout incident fâcheux, mais
que la municipalité n'étoit point dupe de leurs fourberies

hypocrites par leurs discours insultants contre les lois sages qui les proscrivent, notamment en la personne de l'abbesse, qui nomme ses organes de voleurs. »

Le procès-verbal se termine ainsi :

« Que le présent sera dans le jour présenté au corps administratif pour y être fait droit, la municipalité ne croyant point avoir enfreint en aucune manière la loi, et a posé dès ce moment deux gardiens qui surveilleront à ce qu'elles ne commettent de nouveau aucunes dilapidations.

Les Maire et officiers municipaux de Saint-Cyr.

> Signé : Chéron, pʳ. de la commune. —
> Bonneaux. — Aubrun, maire.
> — Houdin, secrétaire-greffier.

Les documents conservés aux Archives ne font pas connaître si les administrateurs du district donnèrent suite à cette affaire; dans ce temps de disette, toute question intéressant les subsistances prenait, on le conçoit, une gravité extrême et les religieuses durent s'estimer heureuses d'en être quittes pour la constitution des deux gardiens établis par la municipalité de Saint-Cyr.

Très peu de jours après l'épisode que nous venons de rapporter, les administrateurs du district recevaient la plainte suivante :

« Citoyens, la nuit du 1ᵉʳ au 2 courant on a renvoyé les deux gardiens apposés pour la conservation du mobilier du petit couvent de notre commune de Saint-Cyr, et l'on a profité des ténèbres de la nuit pour enlever beaucoup d'effets conséquents. Gaudoin, officier municipal a en sa possession une baraque (baratte?) à beurre estimée à 2 louis, etc , etc., etc., un autre des matelats, etc., etc.

» On a pêché l'étang, on y a volé par ordre des municipaux pour 600 l. de poisson ; partie a été vendue à Versailles, partie a été mangée dans les cabarets, partie colportée dans les environs, les officiers municipaux en ont mangé, etc., etc., etc. Tous ces effets sont à la nation dont nous devons prendre les intérêts puisque nous en faisons partie.

» Citoyens, voulés vous éviter la terrible vengeance du peuple, exercés là vous même, vous dépositaires de la loi pour la faire exécuter. Nous vous en conjurons sous votre responsabilité, envoyés donc sur le champs des commissaires pour faire réintégrer les effets volés, la loi vous y oblige et le peuple veut la loi, rien que la loi.

» En vain, diront les possesseurs de ces effets, qu'on les leur a donnés ou qu'ils les ont achettés. N'importe ces effets doivent être réintégrés et il restera à juger s'ils ont été bien ou mal donnés, bien ou mal vendus.

» Quant aux gardiens déposés par la municipalité, par là présumée complice des vols et de la soustraction desdits effets, nous réclamons et leur responsabilité prononcée par la loi et leur destitution. Nous demandons que vous ordonniés le jour d'une assemblée de la commune pour en nommer d'autres plus honnêtes gens et fidèles à leur serment, sauf à leur punition prescrite par la loi.

» Justice, citoyens, justice. Si elle ne nous est pas rendue sur le champs par vous, demain notre pétition sera présentée à la Convention nationale par nous citoïens de la commune de Saint-Cyr soussignés, le trois octobre 1792 l'an Ier de la république. »

Cette virulente requête est rédigée et signée par « Lemaistre propriétaire cultivateur et adj. ». Elle est revêtue de douze ou treize autres signatures ; quelques citoyens ont simplement apposé leur croix.

Dès le lendemain 4 octobre, le Directoire du district « commet les citoyens Adant, administrateur du Conseil général du département et Devise, chef de bureau, à l'effet de se transporter dans la commune de Saint-Cyr, y vérifier les faits dénoncés et niés par la municipalité suivant sa lettre du 3 de ce mois, rétablir le calme et la tranquillité, et rappeler les citoyens à l'amour de l'ordre, au respect pour la loi et à l'obéissance pour les autorités constituées, sauf aux citoyens commissaires à faire au Directoire le rapport de tout ce qui auroit été commis d'illégal soit par la municipalité, soit par les citoyens, pour être par l'administration rendu justice à qui de droit. — Fait à Versailles, le 4 octobre 1792, l'an Ier de la république (signé) Legry, v. P. — Chailliou et Cordirant secrétaire. »

Le rapport de ces deux commissaires manque dans le dossier conservé aux Archives du département; mais nous possédons le document, en date du 3 du même mois d'octobre par lequel la municipalité de Saint-Cyr s'efforce de répondre aux attaques du citoyen Lemaistre. Elle fait part, tout d'abord, de l'évacuation entière du couvent de Notre-Dame-des-Anges de Saint-Cyr « après beaucoup de peines et de travaux pour le maintien de l'ordre et de la paix. »

« Les religieuses, en exécution et authorisées par la loi du 16 août dernier, ont disposé de leur mobilier et effets particuliers à ceux des habitants de notre commune qu'ils ont jugé à propos ; pendant cinq jours nous n'avons cessé de veiller dans l'intérieur de lad. maison à ce qu'il ne s'y commettent aucuns brigandages. »

Mais voici que le lundi 1er octobre, sur les 7 heures du matin, une trentaine de femmes forcent les portes demandant les unes à acheter, les autres à prendre gratuitement des lits, paillasses, couchettes ou tous autres objets à leur convenance. Les officiers municipaux donnent en vain lecture de la loi ; ils reçoivent force injures et horions ; ils réussissent cependant à en expulser la plus grande partie.

Mais ces « furies », comme les appellent les officiers municipaux « s'attroupèrent nuitamment et se transportèrent au domicile de chacun de ces officiers, vomissant des injures et menaces les plus graves, menaçant nos têtes, et d'enfoncer les portes du couvent, afin de piller à leur gré ce qu'elles y trouveroient, en ayant ameutée et rassemblée au moins 80,

et plusieurs hommes connus de la commune, lesquelles se
proposoient arracher les scellés. Avec beaucoup de peine on
parvint à dissiper cet attroupement séditieux qui a duré
une partie de la nuit, etc... »

Le mémoire de la municipalité arrive enfin à la pêche de
l'étang : « Il est vray que étant occupés, dans l'intérieur de
la Maison pour dissoudre cette cohorte de malveillants et à
fermer les portes, où il se trouvoit des effets à conserver, d'autres malintentionnés s'étoient introduits dans le jardin, soit nuitamment, soit de jour, avoient levé la décharge de
l'Etang »; aussitôt avertis les officiers municipaux y courent,
s'efforcent de boucher la décharge « et à faire tirer le peu de
poissons visible et mort à la main et l'avons fait porter soi-
gneusement ce qu'il y en avoit de vivant dans un autre bassin que nous avons mis sous la responsabilité du jardinier en
chef du couvent... qu'à la vérité le poisson mort avoit été
délivré par nous aux ouvriers qui avoient travaillé à la conservation du poisson, la quantité de peut-être cinquante... et
que nous mêmes en avons emporté également deux ou trois
morts... »

Après cet aveu, la municipalité de Saint-Cyr n'hésite
pas à déclarer que ce sont les « malintentionnés » dont
on a empêché « les brigandages » qui les ont dénoncés au
Directoire du département; ils réclament l'appui des « admi-
nistrations supérieures » et demandent de « faire cesser les
attroupements séditieux et d'en punir les instigateurs ».

(Cette pièce est signée : Aubrun, maire. — Cheron. pr de
la commune. — Bonneau fils, commandant. — P. Bonneau.
— Guenet et Houdin secrétaire greffier).

Ainsi, à part ces « 2 ou 3 poissons morts », les officiers
municipaux se déclarent blancs comme neige ; mais
voici entrer en scène deux autres témoins ; ce sont les 2 gardiens constitués le 28 octobre et que, selon la plainte de Lemaistre, la municipalité avait renvoyés peu de jours après
afin d'être entierement maîtresse de ses actions. Naturelle-

ment, ces deux fonctionnaires éphémères ne sont pas con-
tents. Mais ils racontent les faits avec une certaine naïveté
qui paraît de nature à démontrer leur sincérité... « On parla
d'aller faire un tour au jardin où moi Mercier les suivis (le
maire et le procureur syndic), pour voir en quelle situation
étoit le jardin afin que l'on ne nous trompe pas par la suite ;
on passa au bord d'un petit canal où le procureur de la commune et le maire dirent qu'il falloit manger une mathelote. On
passa la journée dans le silence et le dimanche les grilles du
jardin furent fermées. Nous demandions tous les jours à cou-
cher à notre poste, mais on nous le refusa toujours. — Le
lundi moi Mercier passant du passage de la cuisine au corri-
dor j'entendis indirectement que l'étang étoit en coule, je des-
cendis sur les 3 heures au jardin où je rencontrai le procureur
de la commune qui me dit qu'il m'alloit charger d'une commission, qui étoit de leur procurer un grand cuvier, je re-
tournai sur mes pas et marchant avec le procureur, je retro-
gardois derrière moi j'apperçus la plaine inondée, je dis à ce
même que cela alloit faire du bruit, il me répondit qu'il n'y
avoit rien à craindre, que ce poisson étoit destiné pour les
Dames et pour MM. les administrateurs.

» Je sortis aussitôt ayant avec moi le nommé Servien, gar-
çon jardinier ; nous amenâmes un très grand cuvier, rien ne
me surprit plus lorsque j'apperçus le canal vuide et une si
grande quantité de poisson entre autres étoient deux bro-
chets dont un environ deux pieds entre queue et tête, qui
étoit destiné pour M. le curé de Chevreuse, et l'autre un peu
inférieur pour Madame de Guilliermin ; on étoit à transporter
les poissons comme carpes et tanches dans le bassin rond.
Les carpes portoient environ 18 à 20 po. et de très belles tanches. J'en vis moi-même porter trois bacquets pleins et dans
quelques sceaux, car les émissaires ne manquoient pas
comme on peut l'apercevoir pour des circonstances sem-
blables, car tous étoient curieux de manger du poisson.

« Sur les cinq ou six heures, on se rassembla au quartier

général auprès du cuvier où M. le procureur de la commune
homme fort intelligent, à qui les honneurs appartiennent, dis-
tribua les poissons qui étoient dans un bacquet où le maire
n'eut pas plus de préférence que personne ; je m'y présentois
et mon adjoint, nous eumes notre part comme les autres,
croyant ne pas devoir en refuser, ignorant s'il étoit de leur
autorité ou absolue de la part de Messieurs les administrateurs, puisque l'on faisoit réserve pour eux... »

Ils terminent, en demandant leur réinstallation comme
gardiens du monastère évacué « ou que les officiers municipaux leur fassent réparation d'honneur, ou qu'ils prouvent
quelque incapacité ». « La clameur public, ajoutent-ils,
prouvera notre conduite ».

« (Signé) Mercier (qui a écrit la pièce d'une écriture nette
et régulière) et Blin. »

Le Directoire du département renvoya sans doute dos à dos
les parties en cause dans ce singulier procès ; d'ailleurs les
poissons étaient mangés, plus d'un habitant de Saint-Cyr
avait goûté à cette délicate « mathelote », et il ne se pouvait
guère, comme le réclamait le citoyen Lemaistre, que l'on
prononçât sur ce point, la réintégration des effets en-
levés ; ce qui tend d'ailleurs à atténuer la portée des accu-
sations dont le citoyen Lemaistre s'était fait l'interprète, c'est
que, selon toute apparence, il fut l'un des acquéreurs d'une
partie, au moins, des dépendances de l'abbaye et qu'il lui
déplaisait sans doute, de voir diminuer la valeur de la propriété dont il avait acquis ou dont il convoitait la possession.

Nous avons dit plus haut qu'au moment de l'évacuation
le monastère ne renfermait que des objets mobiliers sans aucun intérêt artistique ; cependant, l'on trouvera à l'art. 13 de
l'Appendice la liste, dressée par le citoyen Adant, ancien curé
de Chevreuse, alors administrateur du district, des tableaux
qui décoraient l'église et différentes salles du couvent. Les
indications fournies par cet état sommaire sont d'ailleurs trop

peu précises pour que l'on puisse se permettre aucune con-
jecture relativement à l'importance ou au mérite de ces pein-
tures.

L'une d'entre elles, intitulée par Adant « la guérison des
lépreux » et mesurant 5 pieds 1/2 de haut sur 6 1/2 de large,
fut réclamée par la citoyenne Barrau comme étant sa propriété ; trouvant cette toile trop grande pour la loger dans
son appartement, elle l'avait, disait-elle, prêtée aux dames de
Saint-Cyr pour orner leur église. Comme le District ne s'em-
pressait pas de répondre à cette revendication, la récla-
mante prit le parti de s'adresser directement au Ministre de
l'Intérieur Roland, qui écrivit à ce sujet aux administrateurs
de Seine-et-Oise la lettre suivante :

« Paris, le 27 novembre 1792, l'an Ier de la République.

» Le Ministre de l'Intérieur aux administrateurs du dépar-
     » tement de Seine-et-Oise.

» Je vous envoye une lettre du citoyen Barreau qui réclame
» un tableau qu'il dit avoir déposé dans l'église de la ci-de-
» vant abbaye de Saint-Cyr, et lui appartenir. Lorsque vous
» aurez reconnu l'exactitude de la réclamation de ce particu-
» lier et que vous vous serez fait justifier des titres de pro-
» priété, s'il est constaté que ce tableau n'ait été que déposé
» pour l'ornement de l'église de la ci-devant abbaye, je crois
» qu'il n'y auroit que de la justice à en ordonner la resti-
» tution.

                    » (Signé) ROLAND ».

En exécution de ces recommandations, dans sa séance publique du matin du 9 mars 1793, le Directoire du district de
Versailles, faisant droit à la réclamation de la citoyenne Barrau, décida que le tableau en question lui serait remis sur le
champ.

Après la fermeture de son couvent, le 22 septembre 1792,
Madame de Guillermin fit, entre les mains des Administra-

teurs du district, la déclaration que « son intention étoit de
se rendre sous peu de temps à Versailles pour y établir son
domicile, et demande à y être payée de son traitement annuel de 1,026 liv. 8 sols » (1), pension qui fut plus tard réduite
à 800 francs. Le même certificat constate qu' « elle a payé sa
contribution mobiliaire (*sic*) de mil sept cent quatre-vingt-onze,
la totalité de sa contribution patriotique, et qu'elle a prêté le
serment de liberté et d'égalité ordonné par la loi du douze
août 1792 ». Ce serment avait été prononcé devant les maire
et officiers municipaux de Saint-Cyr, qui en avaient dressé
procès-verbal sous la date du même jour, 22 septembre.

Un certificat de résidence, rédigé par le Président et les
membres composant l'administration municipale de Versailles,
le 23 Messidor an VI, constate qu'à cette époque « Marguerite
Guillermin, pensionnaire de la République, demeurait en cette
commune, rue des Bourdonnois, n° 37 ». Le même document
donne le signalement de la citoyenne Guillermin : « taille de
5 pieds 2 pouces ; yeux bleus ; visage oval ; nez ordinaire ;
cheveux châtains ; bouche moyenne ; menton long ». Cette
pièce porte le cachet imprimé de la Municipalité de Versailles.

Le 15 Fructidor de la même année, Madame de Guillermin
attestait de nouveau sa prestation de serment : « Je soussigné,
Marguerite Guillermin, ex-religieuse de la ci-devant abbaye
de Saint-Cyr, certifie avoir prêté le serment de liberté et d'é-
galité, et ne point l'avoir rétracté, déclare en outre me sou-

---

(1) Le décret des 16-18 août 1792 disposait que les membres des congrégations, corporations et associations ecclésiastiques vouées au culte auraient
pour traitement de retraite la totalité du net de leurs revenus partagée
d'après certaines règles déterminées — et que aucun des pensionnaires, à
l'*exception des femmes*, ne pourrait recevoir le premier terme de son traitement, s'il ne rapportait au receveur du district l'extrait de sa prestation,
devant sa municipalité, du serment d'*être fidèle à la nation, de maintenir
la liberté et l'égalité, ou de mourir en les défendant*.

mettre aux lois de la république, Versailles, le 15 Fructidor an vɪᵉ de la République française. (signé), Guillermin ».

Enfin, la loi du 21 Nivôse an vɪɪɪ, ayant exigé de tous les fonctionnaires publics, ministres des cultes, etc., une promesse de fidélité à la Constitution, la Municipalité de Versailles délivrait à l'ancienne abbesse de Saint-Cyr le certificat suivant :

« Le Maire de Versailles soussigné, certifie que la citoyenne Marguerite *Guillermin*, Pensionnaire comme Ex-religieuse, demeurant en cette ville, rue Publicola nº 5, et voulant se conformer au vœu de la loi du 21 Nivôse de l'an vɪɪɪ, s'est présentée ce jourd'hui et a dit : « *Je promets d'être fidèle à la Constitution* ».

» Versailles, le trois Pluviose an neuf de la République française, une et indivisible.

(signé) Deraime. — Augier, secrétaire adjoint (1).

On voit qu'à l'époque où cette attestation fut rédigée, l'ancienne abbesse de Saint-Cyr demeurait à Versailles, rue Publicola (rue Saint-Médéric), nº 5. La maison portant ce numéro appartenait à Madame Louise-Pétronille de Guillermin, rentière, veuve de Jean-Louis-Eléonor de Sainte-Colombe. Cette dame, née comme Madame Marguerite de Guillermin, à Mars en Lyonnois, était sans doute la sœur ou la proche parente de cette dernière. Les registres de l'état-civil de Versailles constatent que Madame de Sainte-Colombe mourut en la même demeure, le 23 février 1815, à l'âge de soixante-dix ans environ (2). Mais, à partir de l'an ix, nous n'avons rencontré aucun document qui pût nous mettre sur la trace de l'ancienne abbesse. Nous avons vainement compulsé les Archives de Versailles et celles du département ; nous avons écrit,

(1) Archives départementales de Seine-et-Oise.
(2) Renseignement communiqué par M. Laurent-Hanin, archiviste de la Mairie de Versailles.

sans résultats, au maire de Mars et à quelques personnes que nous supposions appartenir aux familles de Guillermin ou de Sainte-Colombe. Nous n'avons pu découvrir à quelle date ni en quel lieu est morte la dernière abbesse de Saint-Cyr. Peut être était-elle décédée avant Madame de Sainte-Colombe; peut-être après la perte de celle-ci, a-t-elle quitté Versailles pour aller terminer ses jours dans une retraite qui a échappé jusqu'ici à toutes nos recherches.

Nous reprenons maintenant la relation des vicissitudes par lesquelles a passé le domaine de l'abbaye.

Nous avons vu plus haut que la ferme et ses dépendances avaient été adjugées, le 12 mai 1791, au sieur Boulangé qui avait ensuite cédé son acquisition à un sieur Lemaistre.

En vertu du décret des 25, 26 et 29 juin 1790, les citoyens administrateurs composant le Directoire du district de Versailles procédèrent à la mise en vente des immeubles dont l'ensemble constituait l'abbaye proprement dite. Cette seconde adjudication eut lieu les 3 et 17 mai 1793. Un procès-verbal d'estimation, dressé les 6 janvier-12 avril précédents, détaillait comme il suit la désignation de ces immmeubles :

« Maison et couvent de Notre-Dame-des-Anges,
à Saint-Cyr.

» L'an mil sept cent quatre-vingt-treize, le deuxième de la République française, le six janvier ;

» Nous, commissaires soussignés, en vertu de l'autorisation du Directoire du district de Versailles, nous nous sommes transportés en la maison de Notre-Dame-des-Anges de Saint-Cyr, et après avoir fait reconnaître nos pouvoirs, nous avons pris connaissance de ladite maison, que nous avons trouvée composée de deux cours, dont une fermé des deux côtés par des bâtimens, et d'autres côtés par un mur de clôture mitoyen avec la ferme, et l'autre fermé aussi de bâti-

mens de trois côtés et d'une grille sur le jardin ; en suitte
dans un cloistre entouré en partie des mêmes bâtimens ;

» Nous sommes passés dans le jardin que nous avons
trouvé clos de murs, dont une partie au midy., mitoyenne
avec la ferme et plantée en espalliers de différents arbres
fruitiers dans tout le pourtour ;

» Nous avons reconnu aussi que partie du terrein est ap-
pliquée à un verger planté d'arbres à fruits, avec prairie au
dessous et différentes parties adjacentes en potager et autres
plantations ;

» Plus une partie plantée en bosquets, contenant environ
deux arpents ;

» Au devant de la ditte maison une térasse dont la partie
gauche est en potager et plantée d'arbres fruitiers ; la partie
opposée plantée en quinconce aussi d'arbres à fruit et deux
allées de tilleuls. Au bas de la térasse un potager planté d'arbres fruitiers et fermé par icelle d'un côté ; et d'autres côtés
par des palissades de charmilles.

» Dans ledit potager deux fontaines et un petit abreuvoir
à l'entrée ; en suitte dudit potager, dans une salle de verdure,
un bassin de forme ronde ;

» Tous les bâtiments construits sur ce terrein dont partie
est en mauvais état, sont simples, élevés d'un rédechaussé
avec comble au-dessus couvert en tuiles ; dont les distribu-
tions sont plus nuisibles qu'utiles, vu la difficulté d'en tirer
partie, et après avoir pris connaissance du local, nous avons
procédé à la levée d'un plan géométrique (1) des différentes
parties du terrein, cours et bâtiments dépendants à l'effet d'en
connaître les superficies. Il est résulté de cette opération que
le tout contient la quantité d'environ 20 arpents et demie, mesure à 20 pieds pour perche, lesquelles, vû les considérations
cy-dessus, nous avons cru ne pouvoir estimer le tout comme

(1) Ce plan ne se trouve pas aux Archives du département.

il se poursuit et comporte qu'à la somme de Trente six mil livres. Le présent procès-verbal fait et clos par nous, commissaires soussignés, le 12 avril 1793, l'an 2º de la République. (signé), Loiseleur ».

On remarquera que ni le procès-verbal d'expertise, ni l'acte d'adjudication ne font mention de l'église de l'abbaye qui cependant était encore intacte. Peut-être faut-il considérer cette omission, certainement intentionnelle, comme une marque de respect ou, tout au moins, un acte de convenance et de réserve, inspiré par la pieuse destination à laquelle cet édifice avait été affecté pendant tant de siècles.

Quoi qu'il en soit, l'adjudication fut prononcée au profit du citoyen Vital-Guislain Bonneau, «marchand épicier et de bois,» demeurant à Saint-Cyr, et de dame Marie-Jeanne Lejeune, sa femme, moyennant le prix principal de soixante-dix-neuf mille neuf cents livres, « payables en argent, en assignats ou en toute autre valeur décrétée par l'Assemblée nationale ». Cette faculté de s'acquitter en *assignats* réduisait de beaucoup la somme à payer par l'adjudicataire : au mois de mai 1793, le louis de vingt-quatre livres valait, en assignats, soixante et une livres (1) ; par conséquent, le prix moyennant lequel l'adjudication avait été prononcée se rapprochait sensiblement du chiffre de l'évaluation fixée à 36,000 livres par l'expert Loiseleur.

On avait eu soin d'excepter de la vente et de réserver expressément « tous les meubles réputés tels par la coûtume de Paris, et spécialement le buffet d'orgues et l'horloge avec ses poids et sonnerie ». Nous croyons savoir que le buffet d'orgues est passé dans la très modeste et très peu monumentale église paroissiale de Saint-Cyr. Quant à l'horloge, elle avait excité la convoitise de la Municipalité qui, sous la date du 1er mai 1793, écrivait au Directoire du district de Ver-

---

(1) Buzot « Histoire des Assignats », Loc.

sailles pour lui demander « l'abandon de l'orlorge de la ci-
devant abbaye supprimée le 22 octobre, quoiqu'elle soit de
très médiocre valeur puisqu'elle n'est à proprement parler
que ressemblante à un tourne-broche... objet cependant absolument essentiel pour les travaux de l'agriculture et les
mercenaires... d'autant que notre malheureuse commune est
déjà plongée dans une indigence affreuse, au moins l'agriculture sera favorisée...»

Le Directoire se disposait à prendre une délibération con-
forme à ces désirs, et celle-ci même était toute rédigée ; mais
sur ces entrefaites l'horloge avait été véndue, ainsi qu'il ap-
pert de cette mention mise en marge du projet de délibération : « Inutile, l'horloge a été adjugée au plus offrant. »

Le sieur Bonneau avait acheté l'abbaye dans l'intention de
cultiver les terrains renfermés dans l'enclos et de démolir les
bâtiments pour en revendre les matériaux. Les bâtiments
claustraux, d'après les souvenirs de quelques *anciens* de la
commune, furent détruits vers 1816, ainsi que la chapelle, intéressant édifice des XIIe-XIIIe siècles, encore bien conservé,
dit-on, à cette époque. Toutefois, nous pensons que ces dé-
molitions doivent avoir eu lieu à une date un peu antérieure,
car, sur le plan cadastral de Saint-Cyr, dressé en 1811, on ne
voit figurer aucune trace de l'église ; à très peu de choses
près, les bâtiments indiqués par le cadastre se composent
uniquement de ceux qui constituaient encore la propriété
bâtie au moment où le Département en a fait l'acquisition.
Le même plan cadastral donne, en outre, des détails sur la
distribution des jardins, divisés en deux grandes parties : au
milieu de celle de droite, on remarque un assez beau bassin
circulaire qui occupe l'emplacement de la cressonnière ac-
tuelle. Le surplus des jardins se compose de bosquets et de
plants de culture maraîchère. A l'extrémité sud ouest, une
vaste pièce d'eau forme une sorte d'étang qui n'existe plus
aujourd'hui, et a été converti en terre labourable. Du reste,

les matériaux provenant de la démolition de l'abbaye se vendirent avec difficulté ; il y en avait encore sur place en 1830.

Vital-Guislain Bonneau mourut probablement en 1818 ; la dame Bonneau, sa femme, était décédée le 2 décembre 1793. Le 9 décembre 1819, un jugement du tribunal civil de Versailles, rendu sur licitation poursuivie entre les héritiers Bonneau, adjugea la propriété à M. et Mme Fessard, cultivateurs à la ferme de la Ménagerie, moyennant le prix principal de 35,400 francs. L'abbaye passa ensuite en diverses mains : en 1848, nous la voyons adjuger par le tribunal de Versailles à un sieur Morisseau qui, en 1856, la vend à MM. Lagnier et autres, prêtres lazaristes ; ceux-ci essayèrent sans succès d'y fonder un institut de leur ordre, et cédèrent la propriété, le 23 septembre 1872, à M. Edmond Feuillastre, marchand boucher à Versailles et à Mme Etienne-Caroline Bachelet, sa femme, desquels le Département, représenté par M. le baron Cottu, Préfet de Seine-et-Oise, en fit l'acquisition moyennant le prix de 130,000 francs, suivant contrat administratif du 28 avril 1882. Les précédents propriétaires avaient conservé à peu près tous les bâtiments existant encore en 1811 ; M. Feuillastre y avait ajouté un petit pavillon d'habitation à gauche de la grand'porte d'entrée.

Nous avons exposé, dans la première partie de ce travail, les vues qui ont guidé le Conseil général dans l'acquisition de l'ancienne abbaye de Notre-Dame-des-Anges. Tout porte à penser que le but philantropique qui a inspiré la résolution de nos sages administrateurs sera poursuivi avec persévérance et atteint sans de grandes difficultés. Nous ne pouvons souhaiter à cette nouvelle et intéressante création d'assistance publique que de durer autant que l'établissement religieux qu'il remplace et de continuer, pendant quatre ou cinq siècles, le cours de ses bienfaisantes destinées.

TROISIÈME PARTIE

APPENDICE

PIÈCES JUSTIFICATIVES

N° I.

**Le roi Philippe-Auguste donne aux religieuses de
Saint-Cyr la dixme du pain et du vin qui lui appartenait sur Saint-Germain-en-Laye ou Poissy. (1185.)**

Philippus Dei gratia Francorum rex. Noverint universi ad
quos literæ præsentes pervenerint, quod monialibus sancti
Cyrici ob animæ nostræ, et animæ patris nostri remedium
donavimus decimam in perpetuum habendam totius panis et
vini quod nos et regina expendemus apud sanctum Germanum in Loya aut apud Pissiacum, dum ibidem fuerimus.
Quod ut ratum sit atque firmum, præsens scriptum sigilli
nostri auctoritate communimus. Datum apud S. Germanum
in Loya anno ab incarnatione Domini MCLXXXV.

Ex *Instrumentis Ecclesiæ Carnotensis.*
Gallia X^{na}, vol. VIII, col. 343, n° LXX.

N° II.

Le roi Philippe confirme la donation par laquelle Gauthier, chambellan, concède aux religieuses de Saint-Cyr le prix à provenir de la vente d'une maison qu'il possédait à Paris, à l'entrée du grand Pont, sous la réserve de soixante sols de rente attribués à Agnès de Saint-Patoul (?) (1190.)

In nomine sancte et individue Trinitatis, amen. Philippus Dei gratia Francorum rex. Noverint universi presentes pariter et futuri quod Galterius noster camerarius assensu et voluntate Asseline uxoris sue et liberorum suorum ob salutem animarum suarum dedit et in perpetuum concessit domum quam habebat Parisius ad ingressum magni pontis monialibus sancti Cirici ad hoc ut emolumentum quod ex illius domus conductione provenerit tantum in impensas monialium illius loci annuatim expendatur nisi quod Agnes de Sancto Patulio quandiu vixerit ex inde sexaginta solidos annuatim ad opus vestium suarum habebit. Quod ob anime nostre remedium ad petitionem dicti Galterii concedimus et salvo jure alieno confirmamus presentem cartam sigilli nostri impressione et regii nominis karactere inferius annotato roborantes.

Actum apud Fontembleaudi anno ab incarnatione Domini millesimo centesimo nonagesimo regni nostri anno undecimo, astantibus in palatio nostro quorum nomina supposita sunt et signa. = S. comitis Theobaldi dapiferi nostri. — S. Mathei camerarii. — S. Guidonis buticularii. — S. Radulphi constabularii. = Data vacante cancellaria (Karac. nomin. regii) et sigillatum in cera viridi.

Archives nationales, K. 179.

(Communiqué par M. l'abbé Gauthier, curé de Saint-Cyr.)

N° III.

Sanceline, abbesse de Saint-Cyr, vend à Maurice, évêque de Paris, 2 arpents de pré, dans l'île de Méré, que l'abbaye tenait en aumône de Gilon Pilosus. (1190.)

In nomine sancte et individue Trinitatis amen. Ego Sancelina, Dei gratia sancti Cyrici abbatissa, notum fieri volumus universis quod nos, communi totius nostri conventus assensu, duos arpennos pratorum in insula Mere, de elemosina Gilonis Pilosi, venerabili domino et patri Mauricio parisiensi episcopo, ejusque successoribus in perpetuum concessimus possidendos, acceptis de beneficio episcopi ipsius quatuor libris parisiensis monete. Ad cujus rei perpetuam firmitatem presentem kartam fieri precepimus, eamque sigilli nostri sub impressione confirmavimus. = Signum Eugenie priorisse.— S. Hildeardis subpriorisse. — Signum Mamilie cantricis.—Signum Odeline cellerarie. — Signum Agnetis la Chevrelle. — Signum Hemeline secretarie. = Testibus... Hugone et Petro capellanis sancti Cirici. = Actum apud Sanctum Cyricum in communo capitulo, anno incarnationis Dominice millesimo centesimo nonagesimo.

> Cartulaire de N.-D. de Paris, publié par Guérard dans les Docum. inédit., t. I, p. 55.

N° IV.

Le roi Philippe-Auguste approuve le don fait par Jehan de Bedefort, son chambellan, à la Maladrerie de Saint-Cyr, d'une maison sise à Paris sur le Grand-Pont (1190).

In nomine sancte et individue Trinitatis amen. Philippus Dei gratia Francorum Rex. Noverint universi presentes pariter et futuri quod Johannes de Bedefort camerarius noster et Johanna uxor ejus ob remedium animarum suarum domum

suam quam super Magnum Pontem habebant et tenebant ab
Agnete uxore quondam Ade camerarii nostri ad centum solidos censuales salvo jure dicte Agnetis et heredum suorum
post decessum utriusque infirmarie sancti Cyrici ad emendos
cibos pauperum in eadem infirmaria jacentium in perpetuum
habendam concesserunt et dederunt; preterea idem Johannes
et Johanna uxor ejus dederunt pauperibus cléricis qui eccle-
siam beate Marie parisiensis in matutinis Domino serviunt
quatuor arpentos vinearum quas habebant apud Monstero-
lium cum toto tenancio quod pertinet ad easdem vineas
quas emerunt à Petro Chefdail et matre ejus, hæc autem omnia tali conditione in elemosinam donantur a Johanne et uxore
ejus Johanna quod quandiu simul vixerint ea tenebunt, vel
alteri qui alteri supervixerit, eadem ad vitam suam tenebit.
Quod ut ratum et firmum permaneat presentem paginam sigilli nostri auctoritate et regii nominis Karactere inferius
annotato precipimus communiri. = Actum apud Perriciacum
anno incarnati Verbi anno millesimo centesimo nonagesimo,
regni nostri anno undecimo, astantibus in palatio nostro quorum nomina supposita sunt et signa. = S. comitis Theobaudi
dapiferi nostri. — S. Guidouis buticularii. — S. Mathei camerarii.— S. Radulphi constabularii. = Data vacante cancellaria
et sigillatum in cera viridi cum duobus appendiciis viridis.
Copie collationnée datée du 29 janvier 1744.

Archiv. nat. k. 179, 4.

Nº V.

**Bulle du pape Célestin III confirmant les privilèges
des évêques de Paris sur certaines abbayes et églises
et notamment sur l'abbaye de Saint-Cyr, de Cernay,
d'Hérivaux, d'Hermeray, de Gif, etc., et sur l'église
d'Argenteuil.** (10 mai 1196.)

Celestinus episcopus, servus servorum Dei, venerabili
fratri Mauricio, parisiensi episcopo, ejusque successoribus

canonice substituendis in perpetuum. Quanto nobilis et glo-
riosa Parisiensis ecclesia pro sede regis Francorum existit
famosior, et in amore et reverentia beati Petri et sancte Ro-
mane ecclesie, venerabilis frater, Maurice episcope, manifes-
tis argumentis extas devotior, tanto propensius, in his que ad
utriusque decus et emolumentum spectare noscuntur, optata
suffragia impertimur. Ideoque, karissime frater Maurice, ra-
tionabilibus postulationibus tuis prebentes assensum, que-
cumque parisiensis ecclesia, inpresentiarum juste et canonice
possidet, aut in futurum, concessione pontificum, liberalitate
regum, largitione principum, oblatione fidelium seu aliis
justis titulis, Deo propitio, poterit adipisci, tibi tuisque successoribus, et per vos, parisiensi ecclesie, apostolici muni-
minis privilegio, communimus. Jus etiam episcopale, in sub-
scriptis abbatiis et earum parrochiis seu parrochianis omnibus,
videlicet, in abbatia Latiniacensi, in abbatia Fossatensi, in
abbatia sancti Maglorii, in abbatia sancti Victoris, in abbatia
Vallis sancte Marie, in abbatia de Sarneia, in abbatia Heri-
vallis, in abbatia Hermeriarum, in abbatia montis Estivi, in
abbatia sanctimonialium de Monte Martirum, in abbatia
de Hedera, in abbatia de Kala, in abbatia de Gif, *in abbatia sancti Ciriaci* et in abbatia Vallis Profunde et in
ecclesia super Argenteolis. Paci quoque et tranquillitati
parisiensis ecclesie providere volentes, exactionem et tal-
liam quam, post obitum predecessoris tui Theobaldi, bone
memorie parisiensis episcopi, karissimus filius noster Philippus Francorum rex, in terris ejusdem episcopatus fecit,
de cetero ab aliquo exigi, auctoritate apostolica, prohibemus,
sed, sicut ab eodem rege, tibi et successoribus tuis, imper-
petuum condonata est et scripto suo firmata, per presentis
scripti paginam confirmamus. Preterea pactum et conventionem inter Stephanum et karissimum filium nostrum Ludovi-
cum regem Francorum illustris memorie, de loco in suburbio
parisiensi sito qui Campellus nominatur, tibi nichilominus
confirmamus; . . . . Apostolica quoque

auctoritate interdicimus, ut supellectilem decedentis episcopi
parisiensis nullus omnino diripiat, sed ad opus ecclesie et
successoris sui illibata permaneat, sicut à Ludovico, illustri
Francorum rege, concessum est et scripto suo firmatum. =
Datum Laterani, per manum Cencii, sancte Lucie in Orthea
diaconi cardinalis, domini Pape camerarii, II idus maii, indic-
tione xiiii², anno Dominice incarnationis MCXCVI, pontifi-
catus vero domini Celestini pape III, anno sexto.

> Guérard. Cartul. de l'église Notre-Dame
> de Paris. T. I, p. 26-27.

N° VI.

**Charte de l'officialité de Paris concernant une vigne
appelée « de Puncta », contiguë à la vigne des religieuses de Saint-Cyr sise au territoire de « Belle-
Noe ». (Novembre 1247.)**

Omnibus presentes litteras inspecturis, officialis curie Parisiensis salutem in Domino. Notum facimus quod Nicholaus de Marliaco filius quondam defuncti Guillelmi, filii
quondam defuncti Gaufridi, recognovit se dedisse et im perpetuum concessisse abbati et conventui Vallium Sarnaii, in
escambium perpetuum, quamdam vineam, sitam, ut dicitur,
in vico qui tendit de Carolivanna ad Alpetum que vocatur
vinea de Punta, in censiva Heloysis dicte *Plus-belle*, ad unum
obolum, ut dicitur, censualem. In cujus rei recumpensa-
tionem, dicti abbas et conventus eidem Nicholao dederunt et
concesserunt, permutationis nomine, quamdam vineam
sitam in territorio qui vocatur *Belle-Noe*, immediate contiguam vinee *monialium de sancto Cirico*, ut dicebat idem Nicholaus; quam quidem vineam idem Nicholaus et ejus
heredes, permutationis nomine, perpetuo possidebunt. Pro-
mittens, etc..... Dicta vero Heloysis, de cujus censiva dicta
vinea de Pungta movet, ut dicitur, et Stephanus, ejusdem

Heloysis filius, dictam permutacionem voluerunt, et quitta-
verunt quicquid juris et dominii et juridictionis habebant et
habere poterant, quocumque modo, in predicta vinea de
Punta ; tali pacto adjecto, ut dicebant, quod eundem censum
et iddem dominium, quem et quod habebant, ut dicebant, in
dicta vinea de Punta, habebunt in posterum super vinea de
Belle-Noe supradicta ; et hoc iddem voluit idem Nicholaus
coram nobis. Et de hiis tenendis et de non veniendo contra in
posterum, dicti Heloysis, Stephanus et Nicholaus se, fide in
manu nostra corporaliter prestita, obligarunt. Quod autem
audivimus, hoc testamur, salvo jure alieno.

Datum anno Domini millesimo ducentesimo quadragesimo
septimo mense novembri.

(Orig. en parchem. scellé. — Inv. p., 6. I. B. 15).

Aug. Moutié. Cartul. des Vaux-de-Cernay.
T. I. p. 414 (Paris 1857.)

N° VII.

Charte par laquelle saint Louis donne aux religieuses de Maubuisson ce qui lui appartenait dans les dixmes de Bailly, etc. (1). (Juin 1248.)

Ludovicus Dei gratia Francorum rex. Notum facimus quoq
Nos, pro salute anime nostre et anime clare memorie Ludovici
quondam regis Francorum illustris genitoris notri et anime
karissime domine ac matris nostre Blanche regine Francorum illustris, necnon et animarum omnium progenitorum
nostrorum, monasterio sancte Marie regalis juxta Pontisaram
Cisterciensis ordinis, quod fundavit eadem karissima domina
et mater nostra, damus et concedimus in puram, perpetuam et
omnino liberam elemosinam, in augmentum bonorum et
reddituum ejusdem monasterii, totam decimam quam habe-

_____

(1) Extrait du *Cartulaire de Maubuisson*, actuellement sous presse.

bamus apud Balliacum, illam videlicet quam Petrus de Mal-
liaco miles nobis vendidit; volentes et precipientes quod
abbatissa et moniales dicti monasterii totam predictam decimam percipiant et habeant in perpetuum in manu mortua
libere et quiete et quod omnibus cartis et instrumentis nobis
de dicta decima tam a venditore predicto quam ab aliis
omnibus confectis possint uti eodem modo quo possemus,
quas quidem cartas et que instrumenta eisdem monialibus
precipimus exhiberi. Item damus eis et concedimus in
perpetuum undecim arpenta et dimidium pratorum cum
fundo terre que habebamus versus boscum qui vocatur Aioel,
sita inter boscum qui vocatur Bofosse et ripariam Isare. Hec
antem omnia supradicta et singula percipient et habebunt
moniales predicte et in manu mortua possidebunt in perpetuum libere et quiete. — Quod ut perpetue stabilitatis robur
obtineat presentem paginam sigilli nostri auctoritate fecimus
communiri. Actum Parisius Anno Domini millesimo ducentesimo quadragesimo octavo, Mense Junio.

> Archiv. de Seine-et-Oise. — Fonds de Maubuisson.

Nº VIII.

**Guillaume de Bailly et sa mère abandonnent tout le
domaine et tout le droit qu'ils pouvaient avoir sur les
dixmes et héritages de Bailly et de Noisy** (1). (Février 1253.)

(Analyse sommaire : la charte originale manque).

» Devant l'official de l'archidiacre de Poissy au diocèse de
Chartres.,. Guillaume de Bailly, fils de deffunt Gacon de
Bailly, en son vivant chevalier, et Madame Adeluya, mère
dudit Guillaume, vefve, ont recogneus avoir quitté et entièrement abandonné aux religieuses moniales de Maubuisson

---

(1) Cartulaire de Maubuisson.

tout le droict qu'ils avoient ou pouvoient avoir à l'advenir
sur la dixme de tous leurs héritages sis à Bailly et à Noisy,
tant en vignes que terres labourables... Lesdits Guillaume
et Adeluya, sa mère, ont aussy quitté tout le droict et le
domaine qu'ils avoient ou pouvoient avoir dans la dixme des
religieuses de Sainct-Cyr sise à Bailly et à Noisy, au proffit
de ladite Abbesse et de son couvent susmentionnés..... »
(sceau de l'officialité.)

Archiv. de S.-et-O. — Fonds de Maubuisson.

N° IX.

**Guy de Chevreuse et Marie sa femme, donnent aux
Religieuses de Saint-Cyr, 20 sols de rente que sont
chargés d'acquitter le Prieur et le couvent d'Argenteuil.** (Juin, 1249. — Vidimus du mois d'août 1256.)

Ludovicus Dei gratia Francorum rex, notum facimus
universis presentes litteras inspecturis quod nos litteras
prioris ecclesie beate Marie de Argentolio et ejusdem loci conventus vidimus sub hac forma :

Universis presentes litteras inspecturis, Frater Manasserus,
beate Marie de Argentolio prior humilis, et ejusdem loci conventus, monachi monasterii Beati Dyonisii in Francia, salutem in Domino : Notum facimus quod cum nobiles vir et
mulier Guido de Caprosia, castellanus de Neaufle, et Maria
ejus uxor, assererent se habere et percipere ex hereditate
dicte Marie, de annuo redditu, in villa et territorio de Chavenolio, decem et octo modios avene et septem libras parisienses vel circiter, videlicet pro tallia ad pastum regis sex modios avene, pro bernagio et falconagio sex modios, pro taxa-
mento quatuor modios, pro corveis equorum in martio tra-
hentium duos modios vel circiter ; in denariis vero sexaginta
solidos parisienses vel circiter ; pro fretengagio de tallia quatuor libras parisienses ; item serjanteram quam Robertus de

Sancto Dyonisio tenebat de eisdem nobilibus in feudum, ut
dicebant : cum etiam assererent se habere in villa, hominibus
et hospitibus de Chavenolio predicto omnimodam justiciam
tam majorem quam minorem, citationes, subventiones ad re-
parandum fossata, pro expeditione, exercitu, chevalcheia et
qualibet operatione ac negocio in homines hospites dicte
ville, nec non et juramenta de fideli custodia reddituum ip-
sorum nobilium ab eisdem hominibus et hospitibus de Chavenolio annuatim renovanda ;. . . . .
Predicti vero nobiles et eorum heredes, de pretaxatis triginta
tribus modiis et duobus sextariis avene ac quatuordecim libris
parisiensibus, tenentur, annis singulis, terminis consuetis,
persolvere, ex feudo domine Isabellis de *Elaencourt*, duos
modios avene et quinquaginta solidos, domino Phylippo *Po-
quet*, militi, et domine Marie, ejus uxori, tres modios avene ;
domino Miloni de Stagno et domine Agneti, ejus uxori, duos
modios ; domino Petro de Cauda et domine Isabelli, ejus uxo
ri, novem sextarios et viginti duos solidos ; ex elemosina vero
prioris Sancti Germani in Laya, unum modium ; abbati sancte
Genovefe Parisiensis in Monte, unum modium; monasterio
Vallium Sarnaii, decem et octo sextarios ; ecclesie sancti An-
dree de Neaufla Castro, quatuor sextarios ; leprosie de *Cham-
boutz*, duos sextarios ; *monialibus sancti Cyrici*, viginti solidos;
religiose mulieri Isabelle moniali Sancti Corantini, matertere
seu amite domini Petri de Cauda, predicti, tres solidos. Tenentur eciam prefati Guido et Maria, ejus uxor. . . . . . .
Omnia autem et singula supradicta promittimus nos prior et
conventus de Argentolio predicti, bona fide, nec non et sub
religionis debito, firmiter tenere, fideliter adimplere et per
nos seu per alium, nulla de causa, in posterum contravenire,
renunciantes expresse et ex certa sciencia omnibus cartis,
instrumentis, litteris apostolicis et aliis que nobis seu prio-
ratui nostro prodesse, et predictis nobilibus, videlicet Gui-
doni et Marie, vel eorum heredibus, obesse possent in aliduo,
quominus tenerentur et fideliter adimplerentur omnia et

singula suprascripta. In cujus rei testimonium, memoriam et confirmationem, nostris muniri sigillis presens fecimus instrumentum. Actum anno Domini millesimo ducentesimo quadragesimo nono, mense Junio,

Nos autem, ad peticionem dictorum prioris et conventus, premissa omnia, prout superius continentur, volumus, concedimus et auctoritate regia confirmamus, salvo jure in omnibus alieno. Quod ut ratum et stabile permaneat in futurum, presentes litteras sigilli nostri fecimus impressione muniri. Actum Parisius, anno Domini millesimo ducentesimo quinquagesimo sexto, menso Augusto.

(Orig. en parch. — Inv. p. 33. I. B. n° 8.)

Aug. Moutié. — Cartul. des Vaux-de-Cernay. I, p. 433 et suiv.

N° X.

Raoul de Clermont, vicomte de Chateaudun et Yolande sa femme, donnent à l'abbaye de Saint-Cyr 27 septiers de blé à prendre annuellement en la grange de Sainte-Gemme, au lieu et place de deux muids de blé de rente annuelle sur les moulins de Drèves (Février 1282.)

Je Raous de Clermont aisnés fiex mon seigneur de Neele, visquens de Chastiaudun et chambellens de Frenche. Je Yolens de Dreves vicontesse de Chastiaudun femme cheli Raoul, faisons savoir à tous chiaus qui ches presentes lettres verront ou orront que comme l'abbeesse et li convent de l'Eglise de Sainct Cyr de l'Ordre de Sainct Benoist de le diocèse de Chartres eussent jadis et recheussent chascun an paisiblement deus muis de blé de rente annuel a le mesure de Paris es les molins de Dreves, nous qui volons lesdites dames et leur église en leur droit de garder et qui convoitons et requerons les prieres d'ichelles avoir, qu'eles nous puissent valoir envers Dieu, volons, greons, donnons et octroions pour le salut de nos ames et de nos antecesseurs, que en recompensacion des deux muids de blé devant dis, que les dames devant dites ou leurs commandemens en nom d'elles et de leur Eglise ayent dores en avant et pregnent paisiblement, franchement et perpétuellement chascun an de rente vint et sept septiers de blé bon et loyal en nostre granche en nos rentes de Saincte James qui est en le diocese de Chartres, entierement et parfaitement sans contredit a le mesure de Poissy, en tele maniere que as devant dis molins de Dreves lesdites dames ou leur commandement ne puissent avoir recoux, ne riens sur ichaus reclamer dore en avant ains ont renonchié à tous privileges et à toutes manieres de lettres qui a che leur puissent valoir, et se ainsi estoit que il y eust défaut de payement en tout ou en partie et quant à che fermement tenir et loianment garantir as dites dames et à leur église nous obligons pour bien de pais et pour la raison et le droit que nous savons que les dames y ont Nous et nos hoirs et nos successeurs quelque ils soient as dites dames et à leur église à rendre et delivrer et à faire rendre et délivrer du tout en tout a tousjours mais, les vint et sept sestiers de blé devant dit en nostre granche et en nos rentes de Saincte Gemme devant dites.

Et en tesmoigniage de cheste chose, pour que ce soit ferme chose et estaule, Je Raous de Clermont et Je Yolens de Dreves devant nommés, avons ches presentes lettres seelées de nos seeaus, Qui furent faictes en l'an de grace mil deus chens quatre vins et deus ou mois de Fevrier le vendredi après la sainct Mathias lapostre; et seellée de deux seaux.

(Copie collationnée du 7 février 1752.)

Archives nationales, K. 179.

Nᵒ XI.

**Philippe, roi de France, assigne sur la coutume et les
revenus des halles de Paris une somme de 25 livres
par. de cens annuel, que les Religieuses de Saint-
Cyr possédaient sur une maison ayant appartenu à
Simon du Tremblay et englobée dans les nouvelles
constructions que le roi faisait ajouter à son Palais
de la Cité.**

(Septembre 1311-1312.)

A Tous ceux qui ces lettres verront Jehan Ployebaut garde
de la prévosté de Paris, salut : Sachent tuit que nous l'an de
grâce mil trois cent et douze le merquedy prochain après la
feste Sainct Jehan decolaste, veismes les lettres nostre sire le
Roy, scellées en cire verte et en soye contenant la forme qui
s'ensuit :

Philippus Dei gratia Francorum rex notum facimus universis tam presentibus quam futuris quod cum dilecti et fideles
Guillermus de Marciliaco et Gaufridus Cocatrici familiares
nostri domum Symonis de Trembleyo civis parisiensis, prope
nostrum parisiense palatium existentem, domui Petri Mar-
celli contiguam ex una parte ac rucelle que tunc nostro palatio contigua esse solebat ex altera, in censiva prioris et prio-
ratus Sancti Eligii sitam et religiosis mulieribus abbatisse et
conventui monialium Sancti Cyrici prope Soisiacum in vigenti
quinque libris parisiensibus nomine et ratione annui et perpetui redditus sive census debitis oneratam predicti palatii
nostri parisiensis operibus dilatandis nobis proficuam et ne-
cessariam auctoritate nostra ceperint et cum predictis monialibus de exoneranda et penitus liberanda ex nunc et in
perpetuum domo predicta et quocumque edificio inibi dein-
ceps construendo de dictis vigenti quinque libris parisiensibus reddituationibus et de ipsis vigenti quinque libris parisien-

sibus redditualibus de cetero singulis annis in perpetuum supra coustumam et redditus pissidis nostre piscium de hallis Parisius et pertinentiis ejusdem, quatuor terminis Parisius consuetis, æquis portionibus percipiendis et habendis nostro nomine et pro nobis convenerint, super hoc habentes speciale mandatum, Nos hujusmodi conventionem ratifficantes dictas viginti quinque libras parisienses annui et perpetui redditus dictis monialibus pro se et successoribus suis et causam habituris ab eis supra coustumam et redditus pissidis nostre et pertinentiis ejusdem ex nunc assidemus ac etiam assignamus de cetero singulis annis dictis terminis percipiendas per manum illius vel illorum quibus coustumam et redditus predictos tempore acquisitionis vel quovis alio titulo sive causa tenebit seu tenebunt ex nunc predictis viginti quinque libris parisiensibus reddituialibus solvendis in perpetuum dictas coustumam, redditus et pissidem et personas que tenebunt easdem tenore presentium specialiter obligamus volentes quod prepositus noster parisiensis modernus et qui pro tempore fuerit personas que dictas coustumam, redditus et pissidem tenebunt, si ad dictos terminos in dicti solutione redditus defficiant ad predictarum monialium, successorum suorum vel causam habiturorum ab eis requisitionem ad solvendum dictum redditum compellere teneantur absque alterius expectatione mandati salvo et retento nobis et heredibus nostris quod si dictis monialibus aut causam habituris ab eis dictum redditum futuris temporibus in locis et redditibus opportunis infra banleucam parisiensem assidere et assignare velimus ad exonerationem coustumie reddituum et pissidis predictarum, eedem moniales aut causam habituri ab ipsis qui dictum redditum tunc tenebunt dictas assidiam et assignationem recipere et acceptare sine contradictione qualibet tenebuntur, salvo etiam in aliis jure nostro et in omnibus quolibet alieno. Que ut firma et stabilia permaneant in futurum presentes litteras sigilli nostri fecimus impressione muniri. Actum Parisius anno Domini millesimo tricentesimo undecimo Mense septembri.

Et nous en cest transcript avons mis le seel de la prévosté de Paris l'an et jour dessus-dicts.

(Signé et scellé.)

Copie collationnée du 29 janvier 1744.
Archives Nationales, K, 179.

N° XII.

Déclaration des biens, revenus et charges de l'abbaye de Saint-Cyr, (du 31 mars 1790.)

« DÉCLARATION

» Que nous, Margueritte de Guillermin, abbesse de l'abbaye royale de Saint-Cyr, grand parc de Versailles, patronne et Dame en partie dudit lieu, faisons pardevant vous M. le Bailly, de Versailles ou M. le Lieutenant et MM. les officiers municipaux dudit lieu de Saint-Cyr, de tous les biens mobiliers et immobiliers dépendants de lad. Abbaye royale de Saint-Cyr ainsi que de tous les revenus de lad. Abbaye, en suite de laquelle déclaration se trouve un état détaillé des charges dont lesd. biens sont grevés ; le tout en exécution du décret de l'Assemblée nationale du treize novembre dernier sur lequel ont été expédiées des lettres patentes du Roi en datte du dix-huit du même mois de novembre transcrites, ainsi que le décret, en Parlement en vaccations le vingt-sept du même mois et en la Prévôté dudit Saint-Cyr, le douze décembre suivant jour auquel elles ont été lues publiées et affichées audit lieu.

» Les biens mobiliers de lad. Abbaye consistent dans les objets ci-après désignés.

» Dans l'église et sacristie :

» Art. 1er. — En argenterie. Un soleil vermeil, deux calices, deux patènes, deux ciboires, deux petits vases pour les

saintes huilles et les ablutions, deux paires de burettes, deux
plats, un encensoir, un bénitier, une croix pour les processions, une petite pour la niche, une lampe et une crosse.

» Art. 2. — En cuivre argenté : Douze chandeliers pour
les trois autels extérieurs, plus 2 chandeliers d'Acolithes,
deux christs, quatre girandoles, quatre flambeaux, dix chandeliers de cuivre pour les autels intérieurs, seize souches
grandes et petites, une niche d'étoffe pour l'exposition du
St-Sacrement, une garniture de bouquets en coquilles fleurs
de Lyon et papier, des rideaux pour les autels, rouges,
violets et noirs, six tapis d'étoffe et de toille pour couvrir les
autels, un vieux tapis de pied pour le sanctuaire, un fauteuil,
deux chaises, un tabouret, deux banquettes en tapisserie et
étoffe, douze chaises de paille, des bancs, trois tableaux, un
chandelier de bois doré pour le cierge paschal.

» Art. 3. — Dans l'église intérieure quatre christs d'yvoirr,
un calvaire de porcelaine et la flagellation donnée pea
Madame la Dauphine, quelques tableaux et reliquaires, six
petits devants d'autel, autant de tapis de toile, un tapis de
pied pour les cérémonies, deux tapis de prie-Dieu, quatre
carreaux pour l'adoration de la croix, deux prie-Dieu pour les
chantres, deux petits bancs, deux pupitres, huit chandeliers
de bois noir et une croix. »

Art. 4. — Vingt-huit ornements tant propres que communs
et vieux en étoffe et tapisserie, huit dalmatiques, six
chapes, etc.

Art. 5. — Trente-neuf nappes d'autel tant propres que
grosses et vieilles, 49 aubes unies garnies en mousseline et
dentelle, etc.

Art. 6. — Un pot à l'eau de porcelaine et un pot de cristal,
tous les ustensiles nécessaires pour faire les bougies qui
brûlent dans les souches, etc.

« Appartement de Mme l'abbesse :

» Trois lits de serge composés de couchettes, paillasses,
sommiers, lits de plumes, matelas, couvertures, traversins

et oreillers; des rideaux de fenêtre et portières en serge et toille.

» Trois vieilles commodes, deux petites propres, quatre armoires... une pendule, un réveil, une crèche, une Sainte-Vierge de plâtre en relief, des tableaux de dévotion, une croix d'ébène avec des reliques, 16 fauteuils en tapisserie, velours d'Utreck et en paille... des bréviaires et des livres de piété.

» Argenterie, huit couverts, dix cuillers à caffé, une cuillère à potage, une écuelle, un gobelet. Quelques tasses de porcelaine et fayance fine. Huit flambeaux de cuivre argenté, etc.

Dortoir :

Trente cellules composées chacune d'une couchette, tour de lit en serge, paillasse... un prie-Dieu, un crucifix, quelques images de papier, deux ou trois chaises de paille... une petite table... Chaque religieuse a un bréviaire, un diurnal, un processional, la règle et quelques livres de dévotion.

Réfectoire :

Huit tables et autant de bancs, une chaire, un crucifix de bois doré, une table pour le service. Chaque religieuse a un tiroir, douze serviettes y compris celles qui servent de nappes, un couvert de buis, une assiette, un plat, un pôt à l'eau de fayance, un goblet de verre...

Salle de communauté :

« Les portraits de Monseigneur le Dauphin père de Louis XVI, de Madame la Dauphine, de Madame Louise, de M. Daligre chancelier de France et de quelques-unes des dames abbesses, plusieurs tableaux de dévotion donnés par Monseigneur le Dauphin... Une pendule, deux vieilles tables, etc.... »

Noviciat :

Un poële, deux tables... quelques tableaux, des livres de dévotion à l'usage du noviciat.

Lingerie :

...Chaque religieuse a deux douzaines de tout ce qui concerne le linge de corps.

6

Roberie :

« ...Chaque religieuse a deux robbes, une tunique de laine pour la nuit, un habit de chœur, deux à trois voiles, un ou deux jupons et paires de bas de laine. Il y a une douzaine de matelats pour les infirmes dans leurs cellules. »

Infirmerie :

Argenterie : deux écuelles, douze couverts, une cuillère à potages, quatre goblets pour le bain-marie, deux biberons pour les mourants.

Six lits composés de couchettes, etc... Chaque religieuse a deux paires de draps. Il y a tout le linge de corps nécessaire pour les malades... Deux petites bibliothèques, un crucifix et quelques tableaux, une pendule, la vaisselle en terre et et fayence et tous les ustensiles nécessaires au service des malades...

Apoticairerie :

Argenterie : une écuelle, trois cuillères.

Ustensiles : trois alambics, deux filtres et tout ce qui est requis et nécessaire en chaudrons, poêle, fourneaux, réchaux, caffetières, bouilloires, tamis, balances etc., pour le laboratoire...

Chambre des bains :

Une baignoire, une chaudière... un lit,.. deux chemises de bain en laine.

Boulangerie :

Deux huches, une table tournante, etc...

Laiterie :

Quarante-huit pots de gré, une baratte, etc...

Boutique du menuisier :

Deux établis, un grand tour, un petit et tous les outils nécessaires.

Pour le service du dehors :

Argenterie : une écuelle, dix couverts et une cuillère à potage. Linge, draps, nappes, etc...

Meubles du tour :

Un poële de fayence, petit bureau, prie-Dieu, etc...

Cuisine:

Six grandes armoires, quatre grandes tables ; les ustensiles nécessaires en cuivre, fer, étain et fayence... linge de cuisine. Argenterie : deux petites cuillères et une fourchette.

Bibliothèque :

« Les ouvrages de Dom Calmet, les sermons de Bourdaloue Massillon, de Sigan de Neuville et de Cheminais. L'année chrétienne de Croizet et de Gresset. Les ouvrages du père Saint Jure, les méditations du père Nouet, Reneuf, Dupont et Avrillon. Les homélies de saint Jean-Chrisostome et de saint Grégoire. Les ouvrages de Rodrigues, de saint Bernard, de Grenade, de MM. Boudon et Salignac. Des réflexions morales et des commentaires sur la Bible, la légende du père Géry et des vies des saints in-folio. Des gravures et des Antiphoniers suivant le Grégorien. Aucun manuscrit ni livre curieux. »

Classe :

Cette pièce est tapissée en papier tontisse blanc et gris avec baguettes peintes en gris ainsi que les volets et les fenêtres, un lambris d'appuy en panneaux de chesne, deux armoires plaquées, une autre armoire servant de bibliothèque, une autre petite, etc... Chapelle vitrée pardevant ainsi que par les côtés, un cadre peint en huille bordure d'or, des images gravées dans leurs bordures de bois... une châsse pour un petit Jésus... une grande table à écrire pour les demoiselles, à quatre tiroirs... une pendule avec ornemens de cuivre, cadran d'émail... Un tableau portrait d'une dame abbesse en pastel, deux testes au crayon noir (ouvrages d'élèves sans doute) dans leurs cadres de bois noirci... une gravure cadre noir et doré, etc... »

Au réfectoire de la classe :

Trois grandes tables à demeure... trois vieux tableaux peints à l'huile... linge de table, etc...

Chambre d'en bas :

Neuf lits à colonnes... ameublement en très mauvais état.

Chambre d'en haut :

Sept lits à colonnes, garnis... ameublement très sommaire et à peu près aussi defectueux que celui de la chambre d'en bas.

Chambre dite dépôt des papiers :

Une tapisserie de papier tontisse bleue et blanche; une grande armoire divisée en cases renfermant les papiers, une vieille table garnie d'un tiroir,... vieux fauteuils, vieilles chaises... une portière de toile de Jouy bleue et blanche.

Parloir du dépôt :

Un vieux secrétaire à pied de biche de bois de noyer vermoulu, un autre en forme de bas d'armoire à plusieurs tiroirs très ancien... plusieurs gravures à cadres noirs.

Parloir du dehors :

Six chaises de paille, un fauteuil pareil... une écritoire de fayence, une écritoire à mettre sur les genouils, un guéridon, etc...

« Tous les outils et ustensiles nécessaires à la culture du jardin, un cheval de monture et qui sert à la cariole, ses harnais et les ustensiles de l'écurie. »

« BIENS IMMEUBLES CORPORELS DE LAD. ABBAYE.

» 1. Audit lieu de Saint-Cyr, le monastère, les cours extérieures et intérieures et les jardins en dépendant, sous une seule et même clôture.

» 2. Au même lieu de Saint-Cyr, une ferme tenant à lad. abbaye et consistant en une maison habitable, granges, étables, écuries, bergeries, pressoir, étables à vaches, basse-cour coupée en deux par l'avenue qui conduit à l'abbaye où il y a un passage qui communique d'une cour à l'autre, une cave dans lad. basse-cour. Lad. maison composée d'une cuisine, deux salles, un fournil, une chambre et un grenier sur les écuries, une volière peuplée de pigeons, deux toits à porcs, un poulailler, une laiterie, plus vingt arpens trois quartiers ou environ de pré en plusieurs pièces, un jardin clos de hayes

vives situé aud. Saint-Cyr lieud. le pré de la ville, plus deux
arpents soixante perches de bois taillis, sept arpents de bois
d'aulne et pâtures, dans laquelle pâture est un réservoir servant à fournir de l'eau dans l'enclos de l'abbaye. (Lequel
réservoir, ainsi que la petite maison à côté, les deux lavoirs
qui sont dessous ny le petit jardin qui en dépend ne sont
point compris dans le bail de la ferme), et cent cinquante-six
arpents et un quartier de terre labourable en plusieurs pièces,
terroirs et chantiers, la plus grande partie de tous lesd. héritages située sur le terroir de Saint-Cyr et le surplus sur les
terroirs de Guyancourt, Montigny, Bois-d'Arcy et Fontenay-
le-Fleury. Et les dixmes à prendre et percevoir sur tout le
territoire de la paroisse. Lesd. ferme et dixmes louées au sieur
Boulangé, fermier audit Saint-Cyr... pour neuf années
moyennant la somme de 2,800 livres par année et à la charge
de fournir par chacun an à lad. abbaye : 1º Six douzaines de
pigeons, 2º quatre muids de bon cidre, 3º quatre septiers
d'orge, 4º huit grandes charretées de fumier de cheval, 5º un
cent de grosses bottes de paille d'avoine, plus les pailles nécessaires pour remplir les paillasses de l'abbaye, 6º faire toutes
les voitures nécessaires, près et loin, pour le transport des matériaux qui conviendroient pour les réparations et constructions
des bâtiments de la ferme, même pour le chœur de l'église de
la paroisse, s'il en étoit besoin... 7º fournir un cheval à l'intendant toutes les fois qu'il en aura besoin pour les affaires
de l'abbaye, 8º enfin fournir et livrer en l'acquit et décharge des dames de lad. abbaye au curé de Saint-Cyr, vingt-
cinq septiers de froment, six septiers de seigle et quinze
septiers et mine d'avoine pour le gros dudit curé... toutes
les fournitures et charges ci-dessus détaillées, évaluées
à cinq cent livres... lesquelles jointes aux 2,800 livres prix
du bail, font monter à 3,300 livres le revenu de cette ferme. »

3º Maison des Lavoirs, à Saint-Cyr. — Une maison et petit
jardin attenant, dite Maison de la route ou des Lavoirs, située
au bas de la pièce de terre dite la Couture, louée annuellement 70 liv. ;

4° Deux autres petites maisons audit lieu de Saint-Cyr, sur le chemin qui descend de la grande route de Versailles à Trapes, au carefour de ladite abbaye, les deux premières louées verbalement 88 liv. ;

5° Une autre petite maison avec jardin, située audit Saint-Cyr, vis-à-vis de l'église paroissiale, dont la jouissance avait été concédée à titre gratuit au Procureur fiscal du couvent ;

6° Ferme de Fontenay-le-Fleury, et 110 arpents de terre labourable, prés, bois, etc., louée moyennant 1,000 liv. de loyer annuel et diverses redevances en nature évaluées à 61 liv. 16 s. 10 d. ;

7° Ferme de Feucherolles, et 46 arpents 25 perches un quart de terre labourable, friches et prés, louée 850 liv. par an, plus diverses redevances évaluées à 112 liv. ;

8° Ferme du Mesnil-Picquet, paroisse de Vicq, près Montfort-l'Amaury, avec 100 arpents 4 perches de terre et prés, situés aux territoires de Vicq, Méré, Beynes et environs, louée annuellement 1,000 liv., plus certaines redevances estimées à la somme de 92 liv. 9 d. ;

9° Ferme de la Millière, paroisse de Méré, près Montfort-l'Amaury, plus 120 arpents 80 perches de terre labourable et pâtures, louée 1,000 liv., plus quelques redevances estimées à 50 liv. ;

10° Ferme de la Henrière, en la paroisse de Chuisnes, près Courville en Beauce, plus 90 septiers de terre labourable, et un moulin à tan situé sur la rivière d'Eure, le tout loué annuellement 1,800 liv. plus « deux dindons bons et gras » estimés 6 liv. ;

11° Ferme des Châtelets, en la même paroisse de Chuisnes et 72 septiers de terre labourable, louée 475 liv. et quelques redevances évaluées à 15 liv. ;

12° Prieuré de Nassandre, au diocèse d'Evreux, consistant en une chapelle, quelques bâtiments et plusieurs arpents de terre, loué moyennant une redevance annuelle de 300 liv.

BIENS–IMMEUBLES INCORPORELS :

1° A Bailly et à Noisy, grand parc de Versailles, la moitié (l'autre moitié appartenant aux Dames abbesse et religieuses de Maubuisson) des dixmes à prendre et percevoir par chacun an sur les territoires des paroisses desdits Bailly et Noisy, comme étant lesdites Dames abbesse et religieuses de Saint-Cyr, grosses décimatrices desdites paroisses pour moitié. Ces droits de dixmes loués moyennant 350 liv. par an et diverses redevances en nature évaluées à la somme de 529 liv. ;

2° Droit de prendre dans la forêt de Montfort-l'Amaury 40 cordes de bois d'usage « à quoi a été restreinte la concession qui avoit été faite à cette abbaye de tous les bois nécessaires pour son chauffage et pour l'entretien de ses bâtiments par Louis VII dit le Jeune, roi des François. » — Ledit droit évalué en argent à la somme de 700 liv ;

3° Franc-salé. « L'abbaye jouit aussi du droit de prendre seize minots de sel au grenier à sel de Mantes et d'y recevoir 300 liv. en argent, le tout à quoi a été restrainte la concession qui a été faite à cette abbaye par le même roi Louis VII du droit de prendre un boisseau de sel sur chaque batteau et allège passant sous le pont de Mantes. »

RENTES FONCIÈRES EN GRAINS ET VIN.

L'abbaye a droit de prendre et percevoir chaque année à différentes époques :

1° Sur le domaine de Gonesse, 27 septiers de blé méteil qui sont ordinairement acquittés en argent, l'année commune de cinq est de 464 liv. 3 s. 11 d. ;

2° Sur les dixmes de Guyancourt, un muid de grains, les deux tiers méteil et l'autre d'avoine, évalué à 168 liv. ;

3° Sur les dixmes d'Argenteuil 40 boisseaux de blé méteil évalués à 25 sols le boisseau, et 40 boisseaux d'orge à 13 sols 4 den. le boisseau, le tout, année commune, évalué à 76 l. 13 s. 4 d. ;

4° Sur la terre et châtellenie de Gourdez paroisse de Morancé près Chartres, 4 septiers de bléd de froment, évalués à raison de 20 l. le septier, à 80 l.

5° Sur la dixme de Meudon, 3 muids de vin « évalués, attendu sa médiocre qualité et que l'on fournit les futailles à raison de 30 l. le muid », à un revenu annuel de 90 l. ;

6° Sur la dixme de Sèvres, une queue de vin évaluée, année commune, à 45 l.

RENTES FONCIÈRES EN ARGENT.

Les rentes annuelles sur divers particuliers s'élevaient au total à 152 l. 6 s.

Rentes constituées sur les revenus du Roi et autres assignats publics. — Elles montaient ensemble à la somme annuelle de 3,679 l. 5 s.

Rentes sur le domaine de Paris :

Trois rentes constituant ensemble un revenu de 491 l. 8 s. par an.

Autres parties de rentes sur les revenus du Roi, transportées à l'abbaye par des frères donnés (oblats) qui y sont décédés ou qui ont quitté la maison, sauf l'exécution des conventions dans ce cas, 253 l.

Clergé de France :

« 360 l. de rente à quatre pour cent payables par semestre, avril et octobre, constitution du 30 janvier 1777. »

Etats du Maconnois :

500 l. de rentes 5 0/0, constitution du 12 juin 1782.

REVENU CASUEL.

« Provenant des lods et ventes que doivent les censitaires ou détempteurs d'héritages situés sur la partie de la seigneurie de Saint-Cyr appartenant à l'abbaye à chaque mutation par vente ou acte équipolent. Ce revenu est très peu productif parce que l'on ne connoit pas bien distinctement les héritages relevant de cette partie de la seigneurie dont le papier terrier n'a pas été renouvellé depuis 1600. Il ne peut être évalué à plus de 50 l. année commune. »

Le total des revenus, sauf déduction des charges, est fixé à la somme de 18,700 l. 7 s. 10 d.

ÉTAT DES CHARGES.

(On donne ici, en raison de l'intérêt historique que présentent certaines fondations qui y sont mentionnées, la transcription intégrale du premier article des charges de l'abbaye.)

« L'abbaye de Saint-Cyr est chargée : 1° à cause de la concession du franc-salé sur le grenier à sel de Mantes, de célébrer à perpétuité un service solennel et l'office pour les rois fondateurs et restaurateurs de cette abbaye ; 2° de célébrer l'office divin pendant toute l'année, ce dont elle est obligée de justiffier par un certifficat pour recevoir les parties de rente sur le domaine ; 3° de célébrer un service solennel avec l'office et cent quatre-vingt-trois messes basses par année pour les fondateurs du prieuré de Courville, à cause de la réunion qui a été faite à l'abbaye des deux fermes de la Henrière et des Châtelets dépendantes de ce prieuré qui ne subsiste plus ; 4° de cinquante-deux messes basses à perpétuité pour le repos de l'âme d'un particulier qui a donné pour cette fondation une somme de huit cent livres une fois payées et que la maison a reçues ; 5° et enfin de quatre messes à perpétuité chaque année pour le repos de l'âme de Pierre Brissonnet qui a laissé à l'abbaye une maison située à Saint-Cyr. — D'après cet exposé, on croit devoir porter comme charge indispensable de la maison la dépense de la sacristie. Elle est de cinq cent soixante huit livres par an ou environ, savoir : trois cent livres pour l'entretien du linge et des ornements, frais de lessive et menues dépenses ; cinquante-sept livres douze sols pour vingt-quatre livres de cire jaune pour les souches et pour le chœur, à quarante-huit sols la livre ; cinquante-huit livres dix sols pour quarante-huit cierges de demie-livre, à cinquante-huit sols la livre pour la purification et les processions ; soixante-quatre livres huit sols pour le luminaire du tems de la semaine sainte et de Pâques, y compris le cierge paschal de quinze livres; cinquante livres pour l'huille nécessaire à l'entretien des lampes, et trente-sept livres dix sols pour cinquante livres de chandelle pour célébrer l'office de la nuit, première, somme cinq cent soixante-huit livres ».

Honoraires du chapelain, gages des domestiques, y compris la nourriture, le vin, le blanchissage, la lumière, l'entretien en maladie, 4,000 l.

Appointements du médecin, du chirurgien, de l'intendant et les gages d'un menuisier à l'année, 1,050 l.

Gages du juge, du procureur fiscal et frais de justice, 48 l.

Aumônes journalières en argent tant aux pauvres de la paroisse qu'aux pauvres étrangers; étrennes données aux pauvres, 260 l.

Distribution chaque semaine aux pauvres, de cinquante livres de pain, ce qui, à deux sols six deniers la livre, cause une dépense de 326 liv. On donne, en outre, journellement aux pauvres la soupe et les restes des tables.

Gros du curé de Saint-Cyr évalué à 700 liv.

Au domaine de Versailles, pour les cens et rentes à cause des terres de la ferme de Fontenay-le-Fleury, 13 liv. 16 s. 10 d.

Au seigneur de Feucherolles, à raison des terres de la ferme qui relèvent de lui, 6 liv. 1 s. 7 d.

Aux seigneurs dont relèvent les terres de la ferme du Mesnil-Picquet, 8 liv. 9 d.

Pour la ferme de la Millière, 1° 39 liv. 11 s. 1 d. à M. le marquis de la Galaisière comte de Mareil, pour partie de la rente du fief de la Motte; 2° 12 liv. 10 s. à l'Hôtel-Dieu de Montfort-l'Amaury, à titre de rente annuelle.

« La ferme de la Henrière étant tenue en fief du seigneur de Courville, l'abbaye est chargée de fournir « un homme vivant et mourant » pour cette ferme, et un « autre homme vivant et mourant » pour le moulin à tan et dépendances, faisant partie de cette ferme et de payer, à chaque nouvelle nomination

de ces hommes nécessitée par le décès des précédents, les
droits de rachat, cheval de service, marc d'argent, etc., d'a-
près les dispositions de la Coutûme de Chartres, plus et les
frais de nouveaux aveux et dénombrement. L'abbaye a ac-
quitté ces droits et frais il y a deux ans ou environ. Ils se
sont montés à seize cent quatre-vingt-trois livres dix-neuf
sols neuf deniers. Comme c'est un événement fortuit qui
donne ouverture au payement de ces droits et frais, on pense
qu'on peut en partager le montant en vingt années, ce qui
donne une charge annuelle de 84 liv. 3 s. 11 d. Cette ferme
est encore composée en partie de terres tenues en roture
pour raison desquelles il est dû des censives tant aux Religieux de Saint-Père à Chartres qu'à autres. »

Moitié du gros des curés de Noisy et de Bailly, 509 liv.

Payé en l'année 1789 au bureau des Décimes de Chartres
639 liv. 15 sols pour les décimes des biens de la maison situés
dans ce diocèse, y compris 75 liv. pour droit de régale.

Décimes du prieuré de Nassandre, au moins 25 liv. 8 s.
4 d.; ledit prieuré est en outre chargé de 6 liv. 14 s. 4 d.
de rente seigneuriale.

Rétribution de 31 liv. 4 s. au curé dudit lieu de Saint-Cyr
en l'acquit d'une messe basse tous les samedis.

53 liv. 6 s. 8 d. de rente viagère au profit de Madame de
Bois-Bénard, ancienne religieuse du prieuré de Courville, de-
meurant actuellement au prieuré des Filles-Dieu de Char-
tres, à raison de la réunion des fermes de la Henrière et des
Châtelets qui faisaient partie des biens dudit prieuré de
Courville.

Au nommé Augustin Paris, 50 liv. de rente viagère sur la
tête de Joseph Paris, son frère, au lieu et place de cent livres
de rente viagère que l'abbaye s'étoit obligée de lui faire pour
rester propriétaire de 75 liv. de rente qu'il luy a transporté
dans le cas où il quitteroit la maison à laquelle il s'étoit
donné.

Enfin l'abbaye est chargée des réparations, reconstructions

et entretien de tous les bâtiments du monastère et des fermes. charge évaluée, année commune, à 2,877 liv. 1 s. 6 d.

Total des charges, la somme de onze mille trois cent sept livres quatorze sols.

« Nous, Marguerite de Guillermin, abbesse de l'abbaye royale de Saint-Cyr soussignée, affirmons devant Monsieur le lieutenant au Bailliage Royal de Versailles, tenant le siège en l'absence de Monsieur son père bailli juge ordinaire civil criminel et lieutenant général de police audit Bailliage, les déclaration et état des autres parts véritables en tout leur contenu, comme aussi affirmons n'avoir aucune connoissance qu'il ait été fait directement ny indirectement quelques soustractions des titres et papiers et mobiliers de ladite abbaye ; En mémoire de quoi nous avons signé les présentes que nous avons fait contresigner par la Dame secrétaire du chapitre, et à icelles fait apposer le sceau de ladite abbaye et le cachet de nos armes.

» Fait en nôtre abbaye de Saint-Cyr, le trente-un mars mil sept cent quatre-vingt-dix.

» Par Madame l'abbesse,

» Certiffié véritable et signé au désir du procès verbal d'inventaire fait par MM. les commissaires du district de Versailles, en datte au commencement du vingt-trois juillet mil sept cent quatre-vingt-dix.

> » (signé) : M. DE GUILLERMIN, abbesse ;
> » J.-R. CASTELLAR ;
> » M.-L.-S. NOLL ;
> » A.-C. LE BRUN. »

(Archives de Seine-et-Oise).

Nᵒ XIII.

Tableaux de Notre-Dame-des-Anges, à Saint-Cyr.

Lettre du citoyen Adant, administrateur, etc.

« Versailles, ce 18 octobre 1792,

» Le Iᵉʳ de la République française,

Le citoyen Adant, administrateur et commissaire nommé par le Directoire du district de Versailles, pour levacuation du couvent suprimé de Saint-Cyr, au citoyen procureur sindic du district de Versailles.

» Je suis en ce moment, citoyen, occupé à faire une description scrupuleuse des tableaux et ornemens dépendans du couvent suprimé de Notre Dame des Anges de Saint-Cyr, que j'ai de votre consentement fait apporter à la ci-devant communauté des Augustines de Versailles, comme il est intéressant que ce travail soit clair, je l'ai établi par ordre numérique, afin d'en faciliter les connaissances et la vente sans confusion ; vous verrez citoyen d'après le tableau que je présenterai au district incessamment combien est important l'ordre que j'y met lorsqu'il s'agit d'associer ces différents ornemens chargé plus ou moins de richesse, peu de chose reste à la maison de Saint-Cyr si ce n'est les lits et qui ne sont pas en grand nombre, j'ai chargé la municipalité et notamment le citoyen Maire de les faire mettre dans une chambre particulière et de m'en envoyer leur procès-verbal, lorsqu'il me sera parvenu je le joindrai à mon travail, afin de vous rendre le compte général de ma gestion.

» (Signé) ADANT. »

Cet Adant était, paraît-il, l'ancien curé de Chevreuse ; le Directoire du district l'avait nommé commissaire à l'effet de réunir au couvent des Augustines, à Versailles, les ornements,

tableaux, etc., provenant des communautés religieuses supprimées.

Le travail annoncé par le citoyen Adant dans la lettre qui
précède, est daté du 26 octobre 1792 ; il occupe 8 grandes pages
d'une belle écriture ; il ne présente guère d'intérêt qu'au point
de vue de l'inventaire des tableaux ; cet état est malheureu-
sement des plus sommaires, cependant les indications qu'il
renferme ont encore plus de valeur que les mentions portées
au procès-verbal de la municipalité de Saint-Cyr, parmi lesquelles nous remarquons entre autres les suivantes :

« Cinq tableaux de la ci-devant sainteté. »

« Dix tableaux idem que dessus..... », etc.

Voici l'état dressé par le citoyen Adant :

	TABLEAUX		CADRES	Haut.	Larg.
				11/2	
1	Tableau représentant saint Ignace...........	Gravure noire	B. doré	63	1 1/2
1	id.	Une martyre...........	Peint sur toile	B. noir		3 1/2
1	id.	L'Histoire ancienne ...	id.	B. doré	21/2	3
1	id.	Jésus mort...........	id.	id.	4	3
1	id.	La Scène pascale.....	id.	id.	41/2	4.3
1	id.	Une Religieuse.......	id.	id.	4	3
1	id.	Le roy David........(1)	id.	id.	5	3
1	id.	Ecce homo......	id.	id.		31/2
3	id.	Joseph et Marie et Aga dans le désert.....	id.		3	31/2
1	id.	Sainte Marguerite, etc.	Peint sur bois	B. noir	21/2	1 1/2
1	id.	Une Religieuse, etc...	Peint sur toile	B. doré	2	3
1	id.	Notre-Dame-de-Lorette.	Peint en cuivre	id.	31/2	2 1/2
1	id.	L'ascension de la Vierge (2).............	Peint sur toile	id.	21/2	3
2	id.	Jésus naissant et une Religieuse...........	id.	id.	21/2	3
1	id.	Un Religieux...........	id.	id.	3	2
1	id.	Un Martyr...........	id.	Bois	4 10	51/2
1	id.	La Vierge	id.	B. doré	3	4
1	id.	Le cœur de Jésus.....	id.	id.	3	2 1/2
1	id.	La Vierge et l'Enfant Jésus...........	id.	id.	41/2	3
1	id.	La guérison des Lépreux... ....(3)	id.	id.	51/2	6 1/2
23					

(1) Vieux et déchiré.
(2) Voûté.
(3) Réclamé par le citoyen Barreau.

Le citoyen Adant indique encore quelques autres tableaux :
« A l'égard des tableaux représentant les religieux et autres
personnages attachés à la communauté de Saint-Cyr ils sont
restés dans une salle de la communauté, une partie d'iceux
étant scellés dans le mur. »

On trouve, dans ce même procès-verbal l'indication de
quelques autres objets d'art :

« 4 pieds destaux en porcelaine blanche représentant Jésus
flagellé.

» 1 christ de 3 pieds de haut en porcelaine bois d'ébène
donné par la Dauphine defunte.

» 2 tableaux ovales sous verre représentant des portraits de
femmes, cadres de bois doré.

» 1 autre peint sur toile, idem, avec son cadre de bois doré.

» 1 autre représentant un religieux sans cadre et peint sur
bois.

» 1 autre gravé en papier rouleau représentant saint
Vincent. »

                                   (Archives de Seine-et-Oise).

TABLE

	Pages.
Première partie. — L'ASILE DE L'ENFANCE	5
I. Création de l'Asile	5
II. Description de l'établissement	8
III. Analyse du règlement général	12
IV. Instruction. — Travail. — Emploi du temps	17
V. Budget. — Recettes et dépenses	19
Deuxième partie. — L'ABBAYE DE NOTRE-DAME-DES-ANGES	21
I. Origine de l'abbaye	21
II. Liste des abbesses	24
III. L'abbaye de Saint-Cyr depuis 1789	39
Troisième partie. — PIÈCES JUSTIFICATIVES	65
I. Charte de Philippe-Auguste (1185)	65
II. Diplôme du même (1190)	66
III. Charte de Sanceline, abbesse de Saint-Cyr (1190)	67
IV. Diplôme de Philippe-Auguste (1190)	67
V. Bulle du pape Célestin III (1196)	68
VI. Charte de l'Officialité de Paris (1247)	70
VII. Charte de Saint Louis (1248)	71
VIII. Charte de Guillaume de Bailly (1253)	72
IX. Charte de Saint Louis (1256)	73
X. Charte de Raoul de Châteaudun (1282)	75
XI. Charte de Philippe le Bel (1311)	77
XII. Déclaration des biens, revenus et charges de l'abbaye de Saint-Cyr (31 mars 1790)	79
XIII. Tableaux de Notre-Dame-des-Anges (octobre 1792)	93

VERSAILLES. — IMPRIMERIE CERF ET FILS, 59, RUE DUPLESSIS.

du. 94   l.